Frère Roger
in seinem Tagebuch

Jeden Augenblick neu

W0083177

Herderbücherei

Veröffentlicht als Herder-Taschenbuch
Auswahl und Übersetzung: Communauté von Taizé

Umschlagfoto: Taizé

2. Auflage

© Verlag Herder Freiburg im Breisgau 1987
Herder Freiburg · Basel · Wien
Herstellung: Freiburger Graphische Betriebe 1992
ISBN 3-451-08365-5

In jedem Heute, in jedem Augenblick sogar, sagt Gott uns einmal mehr: Geh, fang an, beginne neu. Ja, in diesem Augenblick beginnt gerade alles neu. Nicht irgendwie, sondern im Vertrauen des Herzens.

Inhalt

DIE EINZIGARTIGE GEMEINSCHAFT, DIE SICH KIRCHE NENNT

DAMIT DER MENSCH NICHT ZUM OPFER DES MENSCHEN WIRD

Das Wesentliche
bleibt unseren Augen
verborgen

„Liebst du mich?" Das ist die letzte Frage, die Jesus an Petrus richtet. Petrus ist traurig und niedergeschlagen, weil er Jesus verleugnet hat. Und nun steht der Auferstandene vor ihm. Aber Jesus verurteilt ihn nicht, weil er ihn verleugnet hat. Er spielt nicht die Rolle des Starken. Er zerrt nicht am Strick des schlechten Gewissens, der sich schon um den Hals des Petrus schlingt. In Christus schlägt ein menschliches Herz. Auch er ist in seinem irdischen Leben durch Dunkelheit gegangen.

Christus sagt nur diese drei Worte zu Petrus: „Liebst du mich?" Und Petrus antwortet: „Herr, du weißt, daß ich dich liebe." Ein zweites Mal fragt Jesus: „Liebst du mich?" Und wieder antwortet Petrus: „Aber du weißt doch, daß ich dich liebe." Und Jesus beharrt und fragt ein drittes Mal: „Liebst du mich mehr als diese da?" Da antwortet Petrus verwirrt: „Herr, du weißt alles, du weißt auch, daß ich dich liebe."

Seit jenem Tag stellt Jesus jedem Menschen auf Erden immer wieder die Frage: „Liebst du mich?"

Es gibt Tage, an denen wir uns die Ohren verstopfen, weil uns die Frage unerträglich wird. Sie ist unerträglich für den, der nie menschliche Liebe erfahren hat, der nur Verlassenheit kennt oder die Wunden, die man ihm in der Unschuld seiner Kindheit geschlagen hat. Sie wird für uns alle unerträglich, wenn sie jene letzte Schicht von Einsamkeit in uns aufdeckt, die keine menschliche Verbundenheit auszufüllen vermag, jene tiefste Einsamkeit, in der uns Gott erwartet. Und wenn die Auflehnung sich steigert bis zum Äußersten, dann klingt diese Frage wie eine Verurteilung, so wahr ist es, daß kein Mensch nur durch einen Willensakt zu lieben vermag.

Wissen wir das wirklich klar genug? Christus verpflichtet niemanden, ihn zu lieben. Aber er, der Lebendige, bleibt an der Seite eines jeden von uns wie ein Armer, ein Unbekannter. Selbst in den fragwürdigsten Ereignissen, in der Zerbrechlichkeit des Daseins ist er uns nahe. Seine Liebe ist Gegenwart, nicht nur für einen Augenblick, sondern für immer. Diese Liebe von Ewigkeit schließt uns eine Zukunft jenseits von uns selber auf. Ohne diesen anderen Ursprung, ohne dieses Werden-über-sich-selberhinaus, hat der Mensch keine Hoffnung mehr ... und die Lust voranzuschreiten erlischt.

Im Angesicht dieser Liebe von Ewigkeit ahnen wir, daß unsere konkrete Antwort nicht flüchtig, nicht auf einen bestimmten Zeitraum beschränkt sein darf, nach dem wir uns wieder zurücknehmen. Aber ebensowenig kann unsere Antwort in einer Willensanstrengung bestehen. Manche würden daran zerbrechen. Sie besteht mehr darin, daß wir uns überlassen.

Wenn wir einfach vor ihm da sind, mit oder ohne Worte, so wissen wir, wo unser Herz Ruhe finden kann, und wir können ihm als Arme antworten. Darin liegt die verborgene Triebkraft eines Daseins, das Wagnis des Evangeliums: „Auch wenn ich manchmal nicht mehr weiß, ob ich dich liebe oder nicht, du, Christus, weißt alles, du weißt, daß ich dich liebe."

Wirkliches Glück wird dem zuteil, der die Risiken dieser Liebe auf sich nimmt, ohne sich darum zu kümmern, was es ihn kosten wird. Sobald du ein Glück suchst, um dir selbst zu dienen, wirst du es über kurz oder lang verlieren. Je leidenschaftlicher du es zu ergreifen suchst, desto weiter wird es sich von dir entfernen.

Leidenschaftlicher Sucher seiner Liebe von Ewigkeit, wer du auch seist, weißt du, wo dein Herz Ruhe findet? Gerade durch deine Wunde hindurch öffnet er die Tür zur Fülle: zum Lobpreis seiner Liebe. Überlasse dich, gib dich. Das heilt die Wunden, und nicht nur die deinen. In ihm finden wir schon Heilung, heilen wir einander.

Wie kann man angesichts der Schwierigkeiten im Leben bestehen? Indem man sich beständig neu hin zum Wesentlichen auf den Weg macht. Und das Wesentliche geht immer durch das Herz oder, was auf dasselbe hinausläuft, durch die Tiefenschichten.

Wie kann man bestehen? Indem man es wagt, nach jeder Entmutigung, nach jeder Niederlage weiterzugehen. Nicht mit einem idealen Herzen, sondern mit dem Herzen, das man hat. Nicht mit dem Herzen, das man nicht hat: Gott wird es ändern.

Die Herrlichkeit Gottes offenbart sich durch die menschliche Verletzlichkeit hindurch. Wenn der Mensch keine Lösungen mehr hat, bleibt ihm nur noch, sich ganz Gott hinzugeben, mit Leib und Geist. Wäre er nicht so hilflos, würde er vielleicht nicht mit so großer Leidenschaft eine schöpferische Kraft in Gott suchen.

Die Zerbrechlichkeit macht aufmerksamer für den anderen, macht fähiger, zusammen mit anderen Neues zu schaffen. Die angeblich Starken schließen sich in autoritäres Gehabe ein und lähmen ihre Umgebung.

Es kommt der Tag, an dem das Geheimnis eines Glücks durchscheint. Es ist nicht außerhalb von uns; das Reich Gottes ist in uns.

———

In jedem Menschen schlummern schwer erreichbare Schichten. Sie schmerzen manchmal. Sie sind wie ein weites Universum, belebt von vielen gegensätzlichen Kräften, die vielleicht aus einem von den Vorfahren stammenden Gedächtnis – ob es klar hervortritt oder nicht – und auch aus dem Gedächtnis der Kindheit aufsteigen.

Diese gegensätzlichen Strömungen können in innere Gefängnisse einschließen. In der Gegenwart Christi diese Gefängnisse auf einem lebenslangen inneren Pilgerweg besuchen, und schon stürzen ganze Mauern ein. An ihre Stelle treten weite Freiheitsräume. Überraschung! Ein ganzes Universum quälerischer Sorgen hat sich aufgelöst.

Warum betrübt sein über eine Sintflut innerer Tränen? Immer wird irgendwo eine Arche Noah auf den Fluten treiben, um dem lebendigen Gott zu lobsingen.

Der Mensch bleibt bei der äußeren Erscheinung stehen. Gott schaut nicht auf die Oberfläche, sondern ins Herz. Er schenkt es, jenseits der Widersprüche das Geheimnis eines Glücks zu erahnen.

„Wer kann uns verurteilen, wenn Jesus für uns betet?"
Wenn ich im Gespräch unter vier Augen jungen Menschen zuhöre, frage ich mich oft, woher bei ihnen dieses
Gefühl kommt, verurteilt zu sein, der Druck eines Schuld-
gefühls, das mit Sünde nichts zu tun hat. Sünde besteht
im Bruch mit Jesus, darin, daß man den anderen für
sich selbst ausnutzt, daß man ihn zu seinem Opfer
macht.

Jeder Mensch trägt sämtliche Neigungen der Menschheit in sich, zum Besten wie zum Schlimmsten, aber darin
liegt die Sünde nicht. Ja, mehr oder weniger ausgeprägt
existieren in jedem menschlichen Wesen sämtliche Neigungen ohne Ausnahme nebeneinander: der Hang zur
Großmut wie zum Mord, der Wunsch, den eigenen Vater
oder die eigene Mutter, den Bruder oder den Freund zu
töten, alle affektiven Neigungen, Liebe und Haß, all das
in einem einzigen Wesen.

Wenn nun junge Menschen sich selber entdecken, ohne
jemanden zu haben, der ihnen zuhört, kann es manchmal
dazu kommen, daß sie sich für kleine Ungeheuer halten
und dadurch bis zur Selbstzerstörung, im äußersten Fall
zum Selbstmord getrieben werden.

Wer kann uns verurteilen? Die Normen der Gesellschaft? Zu allen Zeiten haben die Gesellschaften Gesetze
zu ihrer Verteidigung geschaffen und Schuldbestände
festgelegt, um den Menschen mit Hilfe von festumrisse-
nen Normen in eine Form zu zwingen, eine Form der
Normalität.

So wird zum Beispiel in der Zeit vor Christus in dem
kleinen, in seinem Fortbestand bedrohten Volk Israel die
unfruchtbare Frau geächtet. Weil sie keine Kinder zur

Welt bringt, entspricht sie nicht dem Gesetz der Normalität und fällt der Verachtung anheim.

Aber für das Evangelium gibt es weder „normal" noch „anormal". Es gibt einfach Menschen nach dem Bilde Gottes. Das Evangelium kennt nur eine Norm: Ihn, den Menschen schlechthin, Christus.

Wenn wir uns trotz unserer inneren Widersprüche jeden Tag von neuem aufmachen, um zu Christus zu gehen, dann nicht im Hinblick auf eine beliebige Normalität, sondern mit dem letzten Ziel, eine Hoffnung zu leben, die alles Erreichbare zu übersteigen scheint: uns dem Bilde Jesu gleichgestalten zu lassen.

Wer könnte uns noch verurteilen, da doch Christus auferstanden ist? Er verurteilt niemanden, er straft niemals.

Wer könnte uns verurteilen? Er betet in uns und bietet uns die Befreiung der Vergebung an. Wir unsrerseits werden zu Befreiern, indem wir niemanden verurteilen. Und selbst im Kampf um die Befreiung der Menschen werden wir nicht in der Nachhut stehen: Sollte der Christ berufen sein, nach dem Vorbild mancher Guerilleros zu leben, die sich nicht scheuten, die ganze Nacht schweigend vor dem Tabernakel zu knien?

Wer könnte uns verurteilen? Auch wenn unser Herz uns verurteilt, Gott ist größer als unser Herz.

MORGENRÖTE,
WENN DIE NACHT VERGEHT

Ein Mensch, der älter wird, sucht nicht mehr so sehr nach Zeichen. Er wagt, zu sich selbst zu sagen, daß er die Dunkelheit kenne.

Was die Dunkelheit betrifft, gibt es keine Privilegien. Sogar Psychoanalytiker und Gelehrte mit großer Erfahrung bekennen in aller Bescheidenheit, daß ihre Wissenschaft noch nicht über das Stammeln hinaus ist, daß sie nur eine periphere Schicht des menschlichen Wesens erfassen.

Jeder hat seine eigene Nacht. Aber je dunkler die Nacht ist, desto heller leuchtet die Freude des Glaubens auf. Heißt glauben für diesen Menschen dann aber nicht auch seine Nacht annehmen? Die Nacht nicht annehmen hieße ein Privileg beanspruchen. Wenn er wie am hellen Tag sehen könnte, wozu sollte er dann noch glauben?

Wer aufbricht, ohne zu wissen wohin, der ist ein Mensch, der glaubt, ohne zu sehen. Keine Furcht vor der Dunkelheit ist in ihm; sie wird von innen her erhellt.

Die Gewißheit ist felsenfest: Wenn der Augenblick gekommen ist, wird die Nacht zerreißen und das Morgenrot wieder hervorbrechen.

Möge die Morgenröte kommen und eines Tages unser Tod, Anbruch eines neuen Lebens.

DAS LIED DES LEPRAKRANKEN

Unablässig steigt aus dem Herzen eine Frage auf: Wenn Gott existierte, würde er weder Kriege noch Ungerechtigkeit noch die Krankheit oder die Unterdrückung auch nur eines einzigen Menschen zulassen. Wenn Gott existierte, würde er den Menschen daran hindern, Böses zu tun.

In einer Leprastation in Kalkutta sah ich bei zwei Besuchen einen Leprakranken seine Arme mit dem, was ihm von seinen Händen geblieben war, hochheben, wobei er die folgenden Worte zu singen begann: Gott hat mir keine Strafe auferlegt; ich singe ihm Lob, denn meine Krankheit ist zu einem Besuch Gottes geworden.

Andere Leprakranke in seiner Nähe freilich stöhnten vor Schmerzen oder Verzweiflung. Doch er hatte begriffen: Das Leiden kommt nicht von Gott, es ist nicht die Folge eigenen Versagens, Gott ist nicht der Urheber des Leidens; niemals manipuliert oder quält er das Gewissen eines Menschen.

Im Gesang des Leprakranken glaubte ich Ijob zu hören, jenen alten Glaubenden, der lange vor Christus lebte und von einer Prüfung in die nächste ging. Ijob wußte, daß sein unermeßlicher Schmerz nicht die Strafe für einen Fehler war. Ein unschuldiger, von jeglichen Hintergedanken freier Mensch kann ebensogut heimgesucht werden wie ein Tyrann, ein Despot mit einem Herzen aus Stein. Eines Tages kann Ijob wie der Leprakranke in Kalkutta sagen: In meinen Prüfungen sucht Gott nach mir; ich weiß jetzt, daß mein Erlöser lebt, nach ihm sehnt sich mein Herz.

Doch warum hindert Gott den Menschen nicht daran, Böses zu tun? Weil er eben den Menschen nicht als Automaten, sondern als Mensch nach seinem Bilde, das heißt frei, erschaffen hat.

Wenn wir einen Menschen mit allen Fasern unseres Wesens lieben, will unsere Zuneigung diesem geliebten Menschen die Freiheit lassen, darauf mit seiner eigenen Liebe zu antworten oder sie zu verweigern.

Genauso läßt Gott in einer Liebe, die unbeschreiblich ist, die Freiheit für eine radikale Wahl: er stellt uns frei, zu lieben oder die Liebe zurückzuweisen und Gott abzulehnen; in der Welt einen Sauerteig der Versöhnung zu verbreiten oder ein Ferment der Ungerechtigkeit zu sein; zu lieben oder zu hassen; etwas von der herrlichen Gemeinschaft in Christus auszustrahlen oder aber uns von ihm loszureißen und sogar anderen noch den Durst nach dem lebendigen Gott zu verleiden. Er läßt uns sogar die Freiheit, uns gegen ihn aufzulehnen.

Doch obwohl Gott den Menschen frei läßt, sieht er dem Leben des Menschen nicht untätig zu. Er leidet mit ihm. Durch Christus, der für jeden Menschen auf der Erde im Todeskampf liegt, besucht er uns bis hinein in die Wüste unseres Herzens.

VOM ZWEIFEL ZU
MENSCHENMÖGLICHER HOFFNUNG

In den nördlichen Kontinenten verbirgt sich manchmal tiefste menschliche Verlassenheit, eine fundamentale Vereinzelung. Europa und Nordamerika haben ebenso ihre „Sterbehäuser" wie Asien, doch sind sie unsichtbar. Jugendliche vor einer ungewissen Zukunft fragen sich schließlich, warum sie überhaupt geboren wurden. Sie verlieren den Sinn des Lebens, sie lassen sich auf eine abschüssige Bahn führen, auf der es nur noch ein Ziel gibt: zu überleben.

Wie kann man sich in Gott verwirklichen, wenn man von einem Zweifel umgeben ist, der alles durchdringt? Wie kann man vom Zweifel zur Hoffnung Gottes gelangen, oder zumindest, für die Nichtglaubenden, vom Zweifel zu menschenmöglicher Hoffnung?

Auf Reisen in Osteuropa konnte ich in den letzten Jahren entdecken: Die Wüste des Zweifels hat sich zwar über die ganze nördliche Erdhälfte verbreitet, doch sie wird von den jungen Christen im Osten und von denen im Westen mit verschiedenen Augen gesehen.

Im Osten führen die Lebensumstände die jungen Christen – freilich nicht alle – dazu, sich mehr denn je dem Wesentlichen des Glaubens zu widmen. Nur in einem Lebensengagement, das sehr weit führt, finden sie eine Antwort auf den sie umgebenden Zweifel.

Im Westen werden manche Jugendliche – nicht alle – was die Suche nach Gott anbelangt, wie in eine „Narrenfreiheit" gedrängt. Sie haben eine solche Menge von Konsummöglichkeiten zur Verfügung, nicht nur bei den materiellen Gütern, sondern auch bei der Freizeitgestaltung und selbst im kulturellen Leben, daß sie sich nur in dem verwirklichen, was sie leidenschaftlich in seinen Bann zieht. Der Dialog auf der Suche, Gott zu verstehen, schlägt manchmal um in leeres Gerede über alles oder nichts.

Die stärksten Wirklichkeiten des Evangeliums sterben in hohlen Wortgefechten ab. Manche geben den Glauben auf, um im Zweifel mit den Nichtglaubenden solidarisch zu sein. Solche Wege aus Bequemlichkeit verfehlen ihren Einfluß auf den Werdegang eines inneren Lebens nicht. Sie schürfen einen Graben, in dem Gott verschwindet.

In jedem, der sich in Christus zu verwirklichen sucht, ruft die derzeitige Situation Unbehaglichkeit hervor. Im Osten wie im Westen kommt es vor, daß der Zweifel den Glaubenden wie eine ausgefeimte unsichtbare Verfolgung anspringt, ihn bis zur subjektiven Vermutung treibt, von Gott und Christus verlassen zu sein.

In einer Kultur, in der der Zweifel überall hervortritt, werden Christen zutiefst getroffen, sooft sie unter anderem sagen hören, ihr Glaube sei nichts als eine Eigenprojektion. Die Welt des Zweifels wirkt vergiftend durch allein dem Gehirn entspringende Analysen, bei denen das Herz abstirbt.

Die Versuchung des Zweifels stellt das Vertrauen in Gott auf die Probe. Sie kann läutern, wie Gold durch Feuer geläutert wird. Sie kann das menschliche Geschöpf auch wie auf den Grund eines Brunnens tauchen. Doch immer bleibt von oben her ein Licht. Niemals ist die Nacht vollkommen. Niemals verschlingt sie einen Menschen ganz. Bis hinein in diese Dunkelheit ist Gott gegenwärtig.

Durchpflügt im eigenen Innern von der Anfechtung des Zweifels, läßt sich, wer aus dem Evangelium leben will, Tag für Tag durch das Vertrauen Gottes neu gebären. Darin findet das Leben von neuem einen Sinn.

Den Sinn des Lebens kann man nicht aus den Wolken oder aus Meinungen schöpfen; er nährt sich an einem Vertrauen. Wie einen über jeden Menschen gehauchten Atem des Geistes, gibt Gott sein Vertrauen anheim.

Es ist eines der unersetzlichen Kennzeichen des Evangeliums, daß es den Menschen einlädt, sein Vertrauen einem dem Grab entstiegenen Lebendigen zurückzuschenken. Der Glaube ist keine Meinung, er ist eine Lebenshaltung: der Glaubende nimmt den Auferstandenen auf, um auch selbst zu einem Lebenden, nicht zu einem Halbtoten zu werden. Schon in den Anfängen der Kirche schrieb Irenäus von Lyon, ein Christ der dritten Generation nach Christus (er hatte noch Polykarp gekannt, der ein Jünger des Evangelisten Johannes gewesen war): „Die Herrlichkeit Gottes ist der lebendige Mensch. Das Leben des Menschen ist das Schauen Gottes."

Sechs Jahrhunderte vor Christus schildert ein Glaubender namens Ezechiel, wie er in seinem inneren Leben ein merkliches Stück weiterkommt.

Als junger Mensch schreibt er: Laßt euch keinen Anlaß zu Fehltritten geben! Sprache eines Menschen, der noch nicht die drastischen Erfahrungen eines Lebens gemacht hat. Und er fügt die an den Willen appellierenden Worte hinzu: Schafft euch ein neues Herz und einen neuen Geist.

Später, nach einer beträchtlichen Reifezeit hat sich seine Sprache gewandelt.

Gott sagt zu ihm: Ich werde euch ein neues Herz und einen neuen Geist geben, ich werde meinen Geist in euch legen.

In einem Leben gottgebundener Gemeinschaft kann nichts erzwungen werden, so daß wir manchmal umso weniger vermögen, je mehr wir wollen.

Wer sich mit Leib und Geist Gott zu überlassen sucht, läßt sich im Innern durch einige ganz einfache Worte des Evangeliums aufbauen. Sie haben in einem bestimmten Augenblick den Grund unserer Seele berührt. Warum sie nicht in einer Zusammenfassung aufschreiben, damit sie jeden Augenblick wieder hervorgeholt werden können?

Lange durchdacht, ohne Hast erarbeitet, Frucht einer langen Reife, oft genug in Kämpfen geschmiedet: ist eine solche Zusammenfassung erst einmal gefunden, kann sie einen das ganze Leben lang voranbringen. Nicht eine Unzahl von Worten, sondern einige wesentliche Werte des Evangeliums, knapp und schlicht genug, um ständig darauf zurückzukommen. Hat man sie gerade vergessen? Sobald sie einem einfallen, kann man sie sich wieder vornehmen.

Wer geduldig ist und in den unerläßlichen Reifeprozeß einwilligt, erlebt den Tag, an dem sein inneres Wesen aufgebaut ist, ohne daß er darum wußte.

Wer sich dem Geist des lebendigen Gottes überläßt, richtet seinen Blick nicht auf die eigenen Fort- oder Rückschritte. Wie auf einer Gratwanderung geht er voran und vergißt, was hinter ihm liegt. Er sucht nicht die unmerklichen Veränderungen in seinem Innern zu messen. Er weiß nicht wie, doch Tag und Nacht keimt und wächst die Saat.

———

Wenn es christliche „Askese" gibt, beruft sie sich weder auf einen Voluntarismus noch auf eine Verzichtleistungsmoral. Statt Selbstzweck ist sie demütige Antwort auf eine Liebe.

Ist es erstrebenswert, zu festgelegten Zeiten zu beten, so geschieht dies aus Liebe und nicht, weil Gott dazu zwingt: Niemals legt Gott uns einen Strick um den Hals, um daran zu ziehen und unserem Herzen Gewalt anzutun.

Unnötig, sich über der Frage den Kopf zu zerbrechen, welche Entbehrungen man sich auferlegen könnte. Besser in Einfachheit ausführen, was der Augenblick verlangt. Das Herz möchte bisweilen bestimmten idealen Anforderungen den Vorzug geben, anstatt unangefochten den vorgezeichneten Weg weiterzugehen.

Es gibt Tage, an denen die Ausdauer schwer fällt. Doch ohne sie zerrinnt die Bereitwilligkeit. An ihr mehr noch in den Dürrezeiten festhalten als an den Tagen, an denen der Glaube spontan zum Gebet führt. Sich an die von einer Gegenwart erfüllten Stunden erinnern.

Formzwang oder Gewohnheitsdenken abstellen, heißt einem gefaßten Entschluß treu bleiben und gerade dadurch eines Tages wieder zu leidenschaftlichem Einsatz und Anbetung finden.

Um neu Schwung zu nehmen, bei jedem Morgengrauen den kommenden Tag pflücken. In jedem schafft Gott Neues.

Im Heute Gottes leben, das ist das Wichtigste. Morgen wird ein weiteres Heute sein.

Sich im gegenwärtigen Augenblick verwirklichen. Wer sich an das Morgen klammert, verpfändet das Heute.

Enthusiasmus, ungetrübte Freude, ja. Doch keine Euphorie: sie ist Feuerwerk.

In Augenblicken tiefster Zerrissenheit, die Leidenschaft eines Vertrauens. Sie wird die Nacht erleuchten.

„Du gibst den Vögeln ihre Nahrung und läßt die Lilien auf dem Feld wachsen: gib, daß wir uns an dem freuen, womit du uns erfüllst; das soll uns genügen."

DAS FEST, EIN BLEIBENDES FEUER

Seit ein paar Jahren komme ich öfters zurück auf einen Gedanken des heiligen Athanasius, den einer meiner jungen Brüder entdeckt hat: „Der auferstandene Christus macht das Leben des Menschen zu einem ununterbrochenen Fest." Als mir dieser Bruder zum erstenmal diese Worte gesagt hat, habe ich nichts geantwortet, mir aber gesagt: Dieses „ununterbrochen" hat etwas Provozierendes an sich.

Heute glaube ich, Athanasius hat sehr wohl gewußt, weshalb er dies sagte. Unsre christliche Existenz besteht darin, daß wir ständig das Ostergeheimnis leben: ein kleiner Tod nach dem andern, denen die Anfänge einer Auferstehung folgen. Hier liegt der Ursprung des Festes. Von nun an stehen alle Wege offen. Unser Leben geht weiter, und wir nutzen das Gute wie das weniger Gute. Das Fest erscheint wieder sogar in den Augenblicken, in denen wir nicht mehr recht wissen, was uns widerfährt, ja selbst in der härtesten Prüfung des Menschen, wenn eine persönliche Bindung zerbricht. Das Herz ist gebrochen, aber nicht verhärtet; es beginnt wieder zu leben.

Wie kann man dieses Fest leben? Zunächst stimme ich meinem eigenen Menschsein zu. Ich weiß, daß durch Christus nichts verloren ist. Alles wird von ihm wieder ergriffen, so sehr, daß das Fest jeden Morgen beim Erwachen die Oberhand zu gewinnen vermag. Welcher schwere Vorfall sich auch immer im Lauf des Tages ereignet, das Fest in meinem Innern bedeutet eine Belebung von innen her. Es verwandelt ein Ereignis und formt es um. Es richtet den niedergeschlagenen Menschen wieder auf.

Das Fest entsteht nicht aus einer künstlichen Überspanntheit. Das Fest baut sich auf. In der Monotonie des Lebens enthüllt sich nach und nach ein verborgenes Leuchten.

Je älter ich werde, desto mehr suche ich das Fest in den Zeugen, auf die ich mich stütze. Oft lese ich zwei oder drei Worte von Johannes XXIII. Ich habe ihn geliebt, und das war gegenseitig. Ich brauche sein Gesicht, und ich habe Vertrauen in sein Gebet. Er ist in der Ewigkeit Gottes.

Um das Fest zu leben, braucht man Gesichter eher als Worte. Sie übertragen Freundschaft, und Freundschaft ist das Antlitz Christi. Nichts ist schöner als ein Gesicht, das die Kämpfe eines Lebens durchscheinend gemacht haben. Es gibt nur schöne Gesichter, seien sie nun traurig oder strahlend. Mein Leben besteht darin, in den anderen zu erkennen, was sie zerrüttet, was sie erfreut, und mit den Menschen Leid und Freude zu teilen.

DIE VERKLÄRUNG DER SCHATTEN

Ohne das Licht Christi sind wir von Finsternis umgeben. Das gilt für alle und bleibt in Ewigkeit wahr. Nur spüren wir es in bestimmten Augenblicken unseres Lebens oder in gewissen Perioden der Menschheitsgeschichte deutlicher als in anderen.

Wenn wir in der Osternacht im Orient oder im Abendland eine Kirche betreten, kann es sein, daß wir uns mitten unter Gläubigen finden, die dorthin in der Stille des frühen Morgens gekommen sind, so wie einst die Frauen, noch in die Dunkelheit gehüllt, am Tage der Auferstehung Christi ans Grab traten. Wenn dann der Vorsänger anstimmt: „Das Licht Christi" und ein Licht in der Mitte der Gläubigen entzündet, antworten sie dreimal: „Lasset uns Gott Dank sagen." Es ist die Danksagung für die Auferstehung.

Das Licht der Verklärung Christi bedeutet für uns, daß schon heute das Werk der Auferstehung in uns begonnen hat.

Der Apostel Petrus, der dieses Ereignis erlebt hat, macht uns in einem seiner Briefe den Sinn der Verklärung Christi deutlich.

Wir sind in der Nacht. Mitten in der Dunkelheit brennt ein kleines Licht. Es genügt, die Augen fest auf dieses Licht zu richten, „bis der Tag anbricht und der Morgenstern in euren Herzen aufgeht". Warum in der Ferne suchen, was so nah ist? Manchmal, wenn wir nicht Glauben und Geduld aufbringen wollen, verlangen wir Zeichen und Wunder – Zeichen, die sofort sichtbar sind.

Beharrlich auf jenes Licht schauen, bis der Morgenstern aufgeht. Vor Gott ausharren und alles im Licht Christi sehen: den Nächsten, den Christen, unsere Person, das Leben.

Den Nächsten in diesem Licht sehen. Wissen, daß in jedem Menschen – auch in dem, der Christus nicht bekennt – das Ebenbild des Schöpfers selbst widerscheint. Unser Nächster – das ist nicht notwendigerweise der, der uns sympathisch ist, sondern das ist der Mensch, den das Leben verwundet hat, der auf unseren Weg gestellt ist. Es ist nicht nur jener, für den wir spontan Freundschaft empfinden, sondern auch jener, der, weil er uns gleichgültig ist, es mehr als jeder andere verdient, mit dem Blick Christi betrachtet zu werden.

Den Christen in diesem Licht sehen heißt in erster Linie, in ihm den Christusträger sehen. Es bedeutet auch, daß man nicht mehr über all das Negative, das vielleicht an ihm ist, seufzt, daß man vielmehr seine Gaben erkennt, das, was Gott positiv an ihm gewirkt hat, das kleine ihm anvertraute Licht. Man spürt einen unvergleichlichen Strom neuer Kraft, wenn man erfährt, wie einen Zeugen Gottes, den das Leben hart mitgenommen hat, die lebendige Hoffnung erfüllt.

Auch sich selbst gilt es im Licht Christi zu sehen. Wir wollen uns nicht dadurch aufhalten lassen, daß es das Böse, die Unmöglichkeiten, die Finsternis, die Schatten in uns gibt – und das wird es immer geben –, sondern lernen, diese ganze Last abzuwerfen, indem wir die Vergebung Gottes empfangen; denn das Leben nährt sich nicht von der Schuld oder von dem Gefühl der Schuldhaftigkeit, wohl aber von Christus, der in uns leuchtet wie ein Licht, das soeben mitten in der Finsternis angezündet ist.

Das ganze Leben, die ganze Schöpfung ist in diesem Licht Gottes zu sehen und zu erkennen; denn in ihrem Ursprung ist die ganze Schöpfung zur Fülle der Gottheit bestimmt.

Eine Pflanze, die nicht dem Licht zugewandt ist, verkümmert. Desgleichen verurteilt sich ein Christ zu einem langsamen Tode, wenn er sich dagegen wehrt, das Licht Gottes anzuschauen, und nur die Schatten sehen will; er kann nicht wachsen und kann sich nicht in Christus erbauen.

Die Apostel, auf den Berg geführt, schauten im voraus, was ihnen vorbehalten ist für den Tag, an dem sie eins sein werden mit Christus in Gott.

Allmählich verwandelt und verklärt Christus alle rebellischen Kräfte, alle Widersprüche in uns, all jene unklaren und ungewollten Regungen, die in der Tiefe unseres Wesens bleiben und über die der Wille manchmal keinerlei Macht hat.

So wird es möglich, den Menschen, die meinen, ihr Leben sei „verpfuscht", mit Vollmacht zu sagen, daß in Gottes Geduld nichts verloren ist. Außergewöhnliche Christen wie Johannes vom Kreuz und die heilige Teresa von Ávila haben recht spät ein neues Leben begonnen; sie, die so viele Frauen und Männer zu Christus geführt haben, können von dem Feuer sprechen, das mit dem Holz ihrer Vergangenheit geschürt ist.

Die vom Leiden und dem Kreuz Christi gezeichnet sind, werden eines Tages von dem Feuer brennen, das sich aus ihrer Vergangenheit nährt. Dann werden sie wissen: Nichts ist ohne Grund, nichts ist verloren in Gott.

Das Licht Christi verklärt selbst die Schatten in uns. Und doch sind sie da, die Schatten; manchmal kommen wir mit ihnen nicht zurecht. Da geschieht es, daß langsam das Leben Christi in uns zu wirken beginnt und so all das, was dunkel war und trübe, undurchsichtig und beunruhigend, schließlich ruhig und klar und von Gott aufgenommen wird. Nichts ist verloren auf dieser Erde, weil Gott stark genug ist, um uns alles wiederzugeben, verwandelt, neu belebt, verklärt durch ihn. Dazu müssen wir freilich gewillt sein, uns zum Licht hinzuwenden.

So wie das Licht Christi in der Dunkelheit unseres eigenen Herzens wirkt, so wirkt es auch hinein in die Finsternis der Welt. So nimmt Gott eine ungläubige Menschheit auf: Ein Christ, mitten unter den Menschen lebend, die nicht glauben können, ist Christusträger; ganz behutsam und unaufdringlich teilt er Gottes eigene Gegenwart mit.

Die Apostel schauen den verklärten Christus und möchten gerne in jenem blendenden Licht verbleiben; denn sie wissen gut, was dieser gewaltige Augenblick in ihrem Leben bedeutet. Aber sie müssen wieder vom Berg herabsteigen und von nun an das Licht Christi in der werdenden Kirche, in ihnen selbst, in der Welt, mitten unter den Menschen leuchten sehen.

Das gilt für jeden Christen: Wieder herabsteigen und Gott ausstrahlen ohne lärmende Worte; jenes Licht Christi in uns wird dann den Ursprung unserer sichtbaren Einheit ahnen lassen. Durch sie wird auch, wer nicht glauben kann – ohne zu wissen wie – hingeführt zur Hoffnung auf Gott.

In allem
die innere Stille

DER UNS BEGLEITET

Am Abend seiner Auferstehung begleitet Jesus zwei seiner Jünger, die in das Dorf Emmaus gingen. Doch sie haben ihn nicht sofort erkannt.

Es gibt Zeiten in unserem Leben, in denen es auch uns nicht bewußt wird, daß er an unserer Seite geht. Dennoch, erkannt oder unerkannt, erahnt oder abgelehnt, er ist bei uns, selbst wenn alle Hoffnung auf ihn erlischt. Er betet in uns, in der Stille des Herzens. Das ist unbewußtes Beten.

Zu anderen Zeiten begreifen wir, daß er uns begleitet, und wir möchten zu ihm sprechen. Das ist bewußtes Beten. Wir bitten ihn: „Zeige uns den Weg." Und er antwortet: „Ich bin bei dir." Wir sagen ihm weiter: „Höre, höre auf mein Gebet, das Gebet eines Kindes." Das ganze Leben hindurch bleibt das Gebet einfach wie das Gebet der Kindheit. Warum seine Lippen dazu zwingen, ein Gebet zu formulieren zu Zeiten, in denen sich alles in uns dagegen sträubt? Wenn Geist und Herz im Augenblick nichts sagen können, löst sie der Körper im Beten ab, um eine Absicht auszudrücken oder auch sich ganz dem Schweigen Gottes zu überlassen. Das Lukasevangelium endet damit, daß sich die Jünger Christi im Gebet auf den Boden werfen und mit dem Kopf die Erde berühren.

Alle unsere Gesten und Vorhaben, alles, was von uns ausgeht, kann eine Sprache sein, mit der wir uns an Gott wenden. Dies ist vielleicht noch kein Gebet, aber eine Weise, in der ein Leben zur Einheit findet. Seinen Acker bebauen, am Morgen zur Arbeit fahren, Kranke pflegen, einem anderen zuhören, schreiben, sich durch ein Studium Fachkenntnisse aneignen, all das kann zu einer Sprache werden, die sich an Gott richtet.

Und von neuem kommen Tage, an denen unsere Lei-

denschaft für Gott unser Herz überströmen läßt, in uner-
schöpflicher Fantasie, in einem unendlich wiederholten
Gesang.

Langsam finden so Augenblicke leidenschaftlicher Suche nach Gott und angestrengte Alltagsarbeit zusammen.
Gebet und Leben gehen ineinander über, bis sie ganz eins
werden.

Das unbewußte wie das bewußte Gebet läßt alles, was
zutiefst in uns ist, Frieden finden.

Wissen, wo unser Herz Ruhe findet, heißt nicht, länger
über unsere Unwürdigkeit, über eine mögliche Tyrannei
des eigenen Ichs klagen, heißt nicht, sich länger in fort-
während Selbstanalysen vergraben.

Wissen, wo unser Herz Ruhe findet, heißt eine Wirklichkeit erfassen, die unseren eigenen Augen verborgen
ist: Christus begleitet uns. Unser bedrücktes Herz lebt
von neuem auf und beginnt, mitunter lautlos, wieder zu
singen: der Atem deiner Liebe hat mich durchzogen, ich
trete nicht auf der Stelle, sondern ich begleite dich.

Gebet ist zunächst Warten, Erwarten. Es bedeutet, Tag für Tag in sich das „Komm Herr" der Apokalypse aufsteigen lassen. Komm für die Menschen! Komm für uns alle! Komm für mich selbst!

Es ist kein Privileg für einige wenige. Es ist ein Weg, der gangbar ist für die Jüngsten wie für die Ältesten. Es prägt sich aus in einer großen Vielfalt.

Im Verlauf unserer Tage und unserer Nächte gibt es Gesten, die wir um Christi willen ausführen. Und diese Gesten werden Gebet: Vergebung, Versöhnung, Kampf ums Festhalten an der ehelichen Treue oder am Zölibat um Gottes willen. Diese Zeichen und viele andere sind eine Sprache, die sich an Christus richtet. Für ihn und um seinetwillen gesetzt, sollen sie ihm unsere Liebe ausdrükken.

In dem Maße, in dem das Gebet Erwartung dessen bleibt, der nicht ich selbst ist, wird es weder zu einer Flucht noch zu einer Selbstprojektion. Es kommt der Augenblick, in dem ich ihm nur noch die Worte sagen kann: Du bist der andere, du bist der, der in sich selbst ist.

Im Angesicht dieses anderen werden unsere Absichten eindeutiger, und unser Herz gewinnt Klarheit und Durchsichtigkeit. Er ist gegenwärtig – wer könnte sich seinem Anruf entziehen?

Wie kann der Mensch Christus seine Tiefen öffnen und ihm Zugang zu seiner Person geben? Indem er ihm absolut alles über sich selbst sagt; indem er sich ganz durchsichtig macht und ihm seine innersten menschlichen Schwierigkeiten zeigt; indem er auf diese Weise im Laufe der Jahre vergrabene Werte freilegt, die sonst ungenützt geblieben wären.

Auf diesem Weg stellt sich auch eine Antwort ein. Der Dialog macht Fortschritte, obgleich er immer wieder ins Stocken gerät und zeitweise sogar aufhört. Eines Tages ist der Kern der Persönlichkeit erreicht. Alles wird rückhaltlos hingegeben. Nicht nur die inneren Widersprüche werden vertrauensvoll überlassen, sondern sogar die Menschen, die uns verurteilen oder über uns urteilen.

Es vollzieht sich eine Wiedergeburt, die darin besteht, daß alles Unklare beseitigt wird. Was immer man von diesem Verfahren halten mag, es hat den Vorteil, daß bei einem solchen vertrauten Umgang jeder Wunsch nach Versteckenspielen verschwindet.

Man wird einwenden, daß Gott ohnehin alles sieht. Gewiß, aber der Mensch nimmt immer Zuflucht zu Winkelzügen, um sich gleichsam einen privaten Bereich vorzubehalten. Damit aber richtet man in seiner Beziehung zu Gott ein Hindernis auf, wie es etwa zwischen zwei innig verbundenen Menschen entsteht, wenn der eine glaubt, dem andern etwas verheimlichen zu müssen, was dieser offenbar sehr wohl weiß.

Christus in uns! Wir vermögen es kaum zu fassen, so mächtig ist das Schuldbewußtsein im Menschen.

Dabei gewinnt nur allzuoft die puritanische Haltung die Oberhand: „Herr, ich bin nicht würdig, daß du eingehst unter mein Dach."

Ein anderer in mir! Ihn dort zu finden im Gebet, also in jenem Augenblick, in dem ich ganz offensichtlich mit Geist und Leib bemüht bin, ihn zu erfassen.

Ein anderer in mir! Er bedient sich meiner Schwächen und der in mir vorhandenen Widersprüchlichkeiten. Selbst die Prüfung erhält einen genau bestimmten Sinn: Es gibt aus ihr keinen andern Ausweg als ihn allein. Und damit findet sich sogar in der Prüfung Schönheit.

DAS FEUER DER LEIDENSCHAFT GOTTES

Die Suche nach Gott nimmt je nach dem Lebensalter ganz verschieden Gestalt an.

Manchmal, wenn es einen dazu veranlaßt, ganz ungezwungen mit Gott zu sprechen, stellt sich das Gebet wie ein weiter Ozean dar, in den man sich hineinstürzt. Dieser Ozean ist Gott.

In anderen Augenblicken kann man sich nur still in seiner Gegenwart halten.

Und es geschieht auch, daß die Wüstenzonen des Gebets die Oberhand gewinnen ...

Auf der Suche nach Gott bewegt sich der Mensch in den Wirklichkeiten des Reiches Gottes. Sie sind unermeßlich, sie haben weder Anfang noch Ende. Das Gebet erschließt eine grenzenlose Gemeinschaft unter unzähligen Glaubenden. Durch es wird eine Verbindung mit der Ewigkeit Gottes geknüpft.

Wenn im Nu eines Augenblicks die Gegenwart Christi spürbar wird, so währt dieses Sich-Gegenüberstehen doch nur einen flüchtigen Augenblick lang und wird manchmal erst nachher begriffen: „Ja, er war da, es war er!"

Ekstase oder mystische Schau sind selten. Das Wunder liegt anderswo: „Ohne Christus gesehen zu haben, lieben wir ihn" (1 Petrus 1, 8).

Staunen über diese menschlicher Intelligenz so wenig zugängliche Wirklichkeit des Reiches Gottes: Christus bleibt in uns, doch auch wir bleiben in ihm. Durch den Heiligen Geist liebt er in uns, zutiefst in unserem Herzen. Darin liegt das Wunder.

Unmöglich, Offenbarungen des Heiligen Geistes herbeizuzwingen. Unweigerlich würde dies in Selbstsuggestion, illusionäre Selbstprojektion münden. Doch es mangelt nicht an seiner Gegenwart, es genügt, sie wachsen zu lassen, ganz demütig, ganz einfach, in tagtäglicher Beharrrlichkeit. Und es wird der Ruf der Urkirche laut: „Löscht den Geist nicht aus."

Dem, der sich über die Armut seines Gebets Sorgen macht, möchte ich sagen:

Das Gebet ist keine persönliche Leistung. Wenn du in der Einsamkeit betest, geschieht es, daß sich zwischen Gott und dich gleichsam Wolken schieben. Diese Wolken haben Namen: Auflehnung, ernüchterndes Unbefriedigtsein, das Gefühl, unwürdig oder unfähig zu sein, Verlust des Selbstwertgefühls. Viele, viele Wirklichkeiten können zwischen ihm und dir eine Sperre aufrichten.

Wirst du, wenn du seine Gegenwart vergißt, deine Zeit damit verlieren, über dein Vergessen zu seufzen? Gib dich lieber ganz dem Vertrauen hin. Du findest den Auferstandenen überall wieder: auf der Straße, bei der Arbeit, in der Kirche. Gleich in welchem Alter, in welcher Lage, kannst du ihm wie ein Kind alles sagen, was dich einschließt, was dich verwundet, was auf vielen anderen Menschen, nah und fern, lastet. Er räumt den Weg frei. Du wirst dich in diesem persönlichen Gegenüber nicht langweilen.

Als ein Gebet für jeden Augenblick, bei Tag wie bei Nacht, selbst mitten unter der Arbeit, wage es unendlich oft, dieselben Worte oder einfachen Gesänge zu wiederholen: „Jesus, meine Freude, meine Hoffnung, mein Leben", „In dir, Jesus, Freude, Barmherzigkeit, Einfachheit", „Mon âme se repose en paix sur Dieu seul" (Bei Gott allein findet meine Seele Frieden), „Bleibet hier und wachet mit mir, wachet und betet", „Nada te turbe, solo Dios basta" (Nichts beunruhige dich, Gott allein genügt).

Wenn in der Wüste deines Herzens lediglich das Schweigen Gottes herrscht, so frage: ist dies der Beginn einer Wende, um den Weg neu aufzunehmen?

Im Westen, wo die geistige Arbeit breiten Raum einnimmt, scheint ein Gebet, das sich nicht in Worten niederschlägt, gar kein Gebet zu sein. Doch ist das Verlangen nach Gott nicht ein Gebet? Er versteht deine Absicht, selbst wenn du glaubst, nicht beten zu können.

Und solltest du vollkommen außerstande sein zu beten, bliebe noch die Möglichkeit, dich dem Gebet eines anderen anzuvertrauen, vielleicht dem Gebet eines Menschen, der am Abend seines Lebens angelangt ist.

In einer technisierten Kultur besteht häufig ein Bruch zwischen Gebet und Arbeit. Wenn Kampf und Kontemplation in Konkurrenz gebracht werden, als müßte man sich für das eine gegen das andere entscheiden, zieht sich der Riß dieses Gegensatzes bis in den Lebensgrund des Menschen.

Ein Leben in Gemeinschaft mit Gott vollzieht sich nicht in Träumen irgendwo zwischen Himmel und Erde. Es vergißt die Mitmenschen nicht, sondern ist in den konkreten Gegebenheiten verwurzelt. Es nimmt die Widersprüche des Menschseins ebenso auf sich wie die der zeitgenössischen Gesellschaften mit ihren Dominanten: Faszination der Machtmittel, Erfolg um jeden Preis, überall anzutreffender Zweifel, mit dem man unweigerlich zu rechnen hat.

Im verständlichen Verlangen, auf eine säkularisierte Welt einzugehen, glaubten manchmal örtliche Gemeinschaften und Gruppen, selbst noch ihre Gottesdienste säkularisieren zu müssen. Doch rühren diese dann nicht mehr an die Tiefe des Menschen. Das gemeinsame Gebet kann kein Monolog sein, bei dem jeder – im Glauben zu Gott zu sprechen – in Wirklichkeit den anderen seine eigenen Gedanken weitergeben will. Das gemeinsame Gebet erfordert, daß sich alle dem lebendigen Gott zuwenden, der, der dem Gebet vorsteht, wie die anderen auch.

Das Gebet ist eine unbeschwerte Kraft, die am Menschen arbeitet, ihn durchwalkt, ihn durchpflügt, die ihn weder erschlaffen noch die Augen schließen läßt vor dem Bösen, vor den Kriegen, vor allem, was die Schwachen der Erde bedroht oder niederzwingt.

Wer den Weg der Nachfolge Christi geht, bleibt zugleich den Menschen und Gott nahe, sucht nicht danach, Beten und Handeln zu trennen.

EIN LEBEN,
DAS NICHT AUS UNS SELBER KOMMT

Ein Mensch, der betet, hat einen Bezugspunkt. Dieser unsichtbare und verborgene Pol zieht ihn vorwärts. Oft wird es nur ein Vorantappen sein, aber das Ziel, auf das er blickt, erfüllt ihn und treibt ihn weiter.

Nach und nach entdeckt er, daß er dafür geschaffen ist, von einem andern als von sich selbst bewohnt zu sein. Wenn er auf das hört, was im Innersten seines Herzens vor sich geht, wird er seiner Einmaligkeit gewahr. In seinem armseligen Gebet bis in die Tiefen seiner Wurzeln angerührt, wird er ein anderer für die anderen.

Das Gebet ist Kampf und Hingabe zugleich. Es ist auch Warten – Warten darauf, daß sich ein Durchgang zeigt, Warten darauf, daß die Mauer der inneren Widerstände zusammenfällt. Ganz wie wir hat auch Christus in seinem irdischen Leben diese Geduld in brennendem Verlangen gekannt.

Das Gebet hat auch etwas Erschreckendes. Es schleudert uns aus uns selbst heraus und anderswo hinein. Auch wenn man Christus im Nächsten erkennt und er immer in unserem Innern lebt – er ist doch gleichzeitig außerhalb, unser Gegenüber.

Im Gebet gibt es etwas wie ein Darüberhinaus von allem, was wir sind, ein Darüberhinaus von unseren eigenen Worten.

Uns allen ist die zusammenhängende Logik der Sprache so wichtig. Darum ist es verständlich, wenn viele zunächst eine Art von Abneigung oder Angst davor empfinden, sich auf dieses schwankende Gelände zu begeben, wo sich alles im Unbeschreiblichen abzuspielen scheint.

So war es in der Geschichte der Christenheit von Anfang an: „Wir wissen nicht, wie wir beten sollen, aber der
Heilige Geist kommt unserem Unvermögen zu Hilfe und
betet in uns."

Bleibt das Gebet auch in seinem Grund die Jahrhunderte hindurch unverändert, nimmt es doch im Laufe der
Geschichte bzw. je nach den augenblicklichen Gegebenheiten unseres Lebens verschiedene Formen an.

Es gibt Menschen, die ganz ohne Worte beten; alles
vollzieht sich in einer großen Stille.

Andere brauchen viele Worte. Im 16. Jahrhundert
schrieb eine mutige, realistische Frau, die heilige Teresa
von Ávila: „Wenn ich mit dem Herrn spreche, weiß ich oft
nicht, was ich sage. Es ist die Liebe, die spricht. Und die
Seele ist dabei so außer sich, daß ich den Unterschied, der
zwischen ihr und Gott besteht, gar nicht mehr wahr-
nehme. Die Liebe vergißt sich selbst und sagt Torheiten."

Andere finden in der Liturgie oder in einem gemeinsamen Gebet die Freude des Himmels auf Erden, eine Erfül-
lung ...

Wieder andere wiederholen unaufhörlich einige Worte,
die sie zu stammeln gelernt haben. Durch dieses Gebet
der Wiederholung, das Gebet der Armen, die wir alle
sind, stellt sich in ihnen die Einheit der Person her. Sie
wiederholen den demütigen Gruß, mit dem Elisabeth Maria willkommen hieß: „Gegrüßet seist du, Maria ..."
Manchmal sind das die einzigen Worte, die sie finden,
wenn menschliches Elend sie unversehens ergreift. Oder
sie murmeln hörbar oder unhörbar im Rhythmus ihres
Atems das Namen-Jesu-Gebet. Scheinbar entbehrt diese
endlose Wiederholung der gleichen Worte jeder Spontaneität. Aber nach langem Warten brechen innerlich Quellen auf, Fülle verströmt sich: Gegenwart des Heiligen
Geistes, der aufrüttelt.

Es gibt auch Menschen, die sozusagen nie die fühlbare Resonanz einer Gegenwart in sich spüren. Sie bleiben ihr ganzes Leben lang im Zustand der Erwartung, und das steigert noch die Leidenschaft ihrer Suche. Für sie ist Kontemplation ein Kampf, kein Überströmen aus unmittelbarer Fülle, kein spontanes Verströmen in Christus.

Es gibt viele Wege des Gebetes. Manche Menschen gehen nur einen einzigen, andere gehen alle. Es gibt Augenblicke lebendiger Gewißheit: Christus ist da, er spricht in unserem Inneren. Aber es gibt andere Augenblicke, da er der Schweigende ist, ein ferner Unbekannter ... Im Gebet gibt es keine Bevorzugten.

Für alle bleibt das Gebet in seinen unendlichen Abwandlungen ein Durchgang zu einem Leben, das nicht aus uns selber kommt, sondern anderswoher.

Einer, der mir nahesteht, breitete einmal vor mir seine innere Auseinandersetzung aus:

„Ich habe die Versuchung der Selbstanalyse mit all ihren Fragezeichen, mit ihrem unablässigen: Wer bist du?, ihrem unaufhörlichen: Warum? kennengelernt. Solche Fragen führen manchmal zu Eitelkeit, öfter aber zu Traurigkeit, zu Scham, die bis zur Selbstverachtung gehen kann. Ich grub also die Erde, die ich selbst bin, um, ich bearbeitete sie, ich bemühte mich, sie immer schöner zu machen, bis ich schließlich die Schönheit der Erde zu einem Ziel an sich gemacht und dabei vergessen hatte, daß das Ziel darin besteht, den Samen des Evangeliums in diese Erde zu säen.

Wohl kannte ich das Wort des Isaias: Du wirst deine Tore ‚Lobpreis‘ nennen. Ich aber nannte meine Tore introvertierte Selbstbeschauung, Angst, Skrupel. Ich hatte auf meine Tore geschrieben: Ich verdiene nicht, dein Sohn genannt zu werden. Es waren zu eng geratene Tore, sie öffneten sich nicht nach außen, sondern nach innen, auf die eigenen Untiefen hin.

Von nun an werde ich meine Tore ‚Lobpreis‘ nennen. Es sind Tore, die sich weit nach außen öffnen hin zu dem, der jenseits der Dinge und meiner selbst ist."

Welche Verheerungen werden angerichtet, wenn sich ein Mensch in Selbstbeschauung und Analyse in sich selber zusammenkrümmt. Wer wird ihm die Tore des Lobpreises öffnen?

Miguel Hernández hat gleichsam ein Geheimnis enthüllt, als er kurz vor seinem Tod als politischer Häftling in einem andalusischen Gefängnis 1943 schrieb:

„Brich in mir, o Liebe, die Tore der vollkommenen Wunde auf;
Brich auf, auf daß alle bösen Schrecken entweichen;
Brich auf, denn siehe, das Wehen deines Wortes kommt."

Durch die Tore des Lobpreises werden die tödlichen Schrecken und auch die nie endenden Gesänge hervortreten. Gott wird selbst den psychischen Verletzungen seine Spur eindrücken. Aus ihnen werden nicht mehr Qualen wachsen, sondern Kraft für Gemeinschaft.

Wer sich ein Dasein ohne Widersprüche, ohne schmerzliche Zusammenstöße, ohne Gegnerschaft, ohne Kritik wünscht, verfällt in engelhafte Sanftmut. Angesichts der Erschütterungen in uns selber, in der Kirche oder in der Gesellschaft stehen uns zwei Wege offen:

Entweder Schmerzen und Ängste münden in Selbstmitleid und Bitterkeit; stöhnend erstarrt der Mensch unter der zermalmenden Last, und alles ist verloren.

Oder aber Schmerzen und Traurigkeit strömen über in den Lobpreis seiner Liebe. Er entreißt den Menschen der Passivität und gibt ihm die Kraft, allen Geschehnissen gerade ins Gesicht zu schauen.

Vor bald dreitausend Jahren hatte ein Glaubender namens Elija die Eingebung, daß Gott in der Wüste spricht und ein stilles, von Herzen kommendes Vertrauen aller Dinge Anfang ist.

Sein Volk läßt sich wahllos auf allerhand Glaubensvorstellungen ein. Der Glaube verschwindet. Solche Anwandlungen wiederholen sich in der Geschichte der Menschheit: Alles, außer dem lebendigen Gott.

Elija versucht alles Erdenkliche, um sich begreiflich zu machen. Es gelingt ihm nicht. Entmutigt und am Ende seiner Kräfte, bittet er Gott darum, sterben zu dürfen.

Eines Tages ereilt Elija der Ruf, in die Wüste des Berges Sinai hinaufzusteigen, um Gott zu hören. Ein Orkan bricht los, dann ein Erdbeben, dann ein ungestümes Feuer. Doch Elija begreift, daß Gott nicht der Entfesselung der Natur innewohnt.

Vielleicht mit zum ersten Mal in der Geschichte wird eine dermaßen lautere Eingebung aufgeschrieben: Gott zwingt sich nicht durch Gewalt auf, er spricht nicht durch Machtmittel, die Angst machen. Heute wie gestern ist Gott nicht der Urheber von Kriegen, Naturkatastrophen, Unglück, menschlichem Leiden.

Dann tritt auf dem Sinai Ruhe ein. Da vernimmt Elija Gott wie in einem Flüstern. Es zeigt sich ihm die ergreifende Wirklichkeit: oft läßt sich die Stimme Gottes in einem Hauch von Stille vernehmen.

Gott will sich niemals irgend jemandem aufdrängen.

Gott verlangt nicht, Offenbarungen des Geistes zu erzwingen. Das hieße Eintagsfeuerwerke abbrennen. Wer sich solchem Spiel ausliefert, glaubt Gott wahrzunehmen; doch handelt es sich nur um eine Übertragung des eigenen

Ich. Andere in erzwungene Erfahrungen des Geistes Gottes verwickeln wollen, hieße sie in Illusorisches, ja in Abgründe führen.

Gestern wie heute, niemals verstummt seine Stimme. Oft läßt sie sich wie in einem Stillehauch vernehmen.

———————

Sollte das scheinbare Schweigen Gottes eine Gemeinschaft bergen, bei der „der Abgrund den Abgrund ruft"? Der Mensch ist grundlos, ein Abgrund. Doch Gott ist schon drunten.

Glücklich, wer ein lauteres Herz hat! Er entdeckt sogar noch unter den Verschwiegenheiten des Evangeliums: das weitreichendste Geheimnis, das es gibt, ist das der fortwährenden, jedem menschlichen Geschöpf geschenkten Gegenwart des auferstandenen Jesus.

In allem die innere Stille. Selbst wenn Christus Jesus sich zurückhält: er ist da.

Es gibt Menschen, die ein ganzes Leben lang glauben, nicht beten zu können. Sollten sie nicht darum wissen? Sie werden besucht. In einem Stillehauch, in einem Flüstern spricht Gott ganz schlicht. Still in seiner Gegenwart verharren, um seinen Geist zu empfangen, ist bereits Gebet.

Mag unser Gebet manchmal auch nur armes Stammeln sein – das fällt nicht ins Gewicht. Die Wirklichkeit des Reiches Gottes kennt kein Maß. Es ist in gewisser Hinsicht vielleicht besser so: Freuen wir uns, daß Gott uns dadurch Demut schenkt.

Gott versteht alle Sprachen der Menschen. Er begreift unsere Worte: doch auch unser Seufzen. Gott begreift unsere Schweigezeiten. Und das Schweigen ist manchmal alles im Gebet.

———————

Nicht eine innere Stille um jeden Preis erwirken, indem man in sich eine Art Leere hervorruft, Vorstellungen und Gedanken zum Verstummen bringt.

Im Gebet durchstreifen den Geist Gedanken und Bilder. Vielleicht sind sie für das innere Gleichgewicht nötig. Wer sich bei den Worten überrascht: „Meine Gedanken gehn in die Irre, mein Herz zersplittert sich", dem antwortet das Evangelium: Gott ist größer als dein Herz.

Unnütz, sich selbst oder anderen Methoden aufzuerlegen, um die innere Stille zu erzwingen. Bisweilen ist es nötig, einige Grundsätze der Körperhaltung und der Atmung zu kennen. Von da bis zum Aufstellen von Lehranweisungen oder zur Absicht, Schule zu machen, ist es jedoch ein weiter, ein gehörig weiter Schritt.

Wird das Gebet einer Technik unterworfen, errichtet sich der Mensch aus sich selber. Jedes System, der Mystizismus eingeschlossen, gerät leicht an einen von menschlichen Übertragungen erzeugten Gott.

Glücklich, wer ein lauteres Herz hat: er wird Gott schauen. In jedem hat das inwendige Reich Gottes weder Anfang noch Ende.

DAS SCHWEIGEN DER KONTEMPLATION

Das Gebet, in dem wir in die Tiefen Gottes hinabsteigen, ist nicht dazu da, daß wir uns in unserer Haut wohler fühlen. Beten – nicht um irgendeines Gewinnes willen, sondern um als freie Menschen in die lebendige Gemeinschaft mit Christus hineinzufinden.

Wenn der Mensch versucht, diese Gemeinschaft in Worte zu fassen, ist es bewußtes Beten. Aber der Verstand erfaßt nur die Oberfläche der menschlichen Person. Bald kommt er an seine Grenzen, und das Schweigen beherrscht alles – so sehr, daß es wie die Abwesenheit Gottes erscheint.

Um nicht in der Trockenheit des Schweigens steckenzubleiben, sollten wir sehen, daß das Schweigen Wege zu unbekannten schöpferischen Möglichkeiten eröffnet: in der weiten Tiefenschicht der menschlichen Person, im Unterbewußtsein, betet Christus weit mehr, als wir es uns vorstellen können. Verglichen mit der Unermeßlichkeit dieses verborgenen Betens Christi in uns, ist unser artikuliertes Gebet nur ein kleiner Teil.

Das Wesentliche des Gebets vollzieht sich vor allem in einem großen Schweigen ...

Dem Menschen, der der Einsamkeit ausgeliefert ist, fällt das Beten schwer. Gott hat den Menschen als soziales Wesen geschaffen und ihm eine „politische" Berufung gegeben. Fällt darum die Kontemplation leichter, wenn sie in Gemeinschaft mit andern geschieht?

Das Schweigen der Kontemplation. In jedem von uns verbergen sich Abgründe, Unbekanntes, Zweifel, wilde Leidenschaft, geheimes Leid ... aber auch Schuldgefühle, niemals Eingestandenes, so sehr, daß sich uns ungeheure Leeren auftun. Triebe wühlen uns auf, man weiß nicht, woher sie kommen – urväterliche Erinnerungen oder genetische Bestimmtheit? Wenn wir Christus mit kindlichem Vertrauen in uns beten lassen, werden eines Tages die Abgründe bewohnbar sein. Eines Tages, später einmal, werden wir feststellen, daß sich in uns eine Revolution vollzogen hat.

Dieses Glück freier Menschen ist der Motor in unserm Kampf für alle Menschen, mit allen Menschen. Es bedeutet Mut, Energie, um Wagnisse einzugehen. Es ist überströmende Freude.

AUGENBLICKE,
IN DENEN GOTT ALLES IST

Sich in leidenschaftlichem Erwarten vor Gott zu halten, übersteigt nicht das menschliche Maß.

Kontemplation wird oft als Gegenteil von Handeln hingestellt. Sie sei Passivität, Flucht vor notwendigen Auseinandersetzungen. Doch gibt es die Antwort der Tatsachen: Christen verzehren sich in Selbsthingabe, sind in selbstgefährdender Weise engagiert, und sie halten sich dabei unmittelbar an die Quellen einer Kontemplation.

Was unter Kontemplation verstehen? Nichts anders als die Verfassung, in der die Person ganz und gar vom Staunen über eine Gegenwart ergriffen ist. Begreift der Mensch die tiefe Wirklichkeit der Schönheit der Dinge durch den Verstand, kann er ergriffen werden, jedoch nur sehr bruchstückhaft. Von der Wirklichkeit der Liebe Gottes wird der Mensch umfassend, bis in sein Gemütsleben ergriffen. Es gibt Menschen, denen das subjektive Gefühl, Gott würde schweigen, zu schaffen macht, als wäre die Gegenwart Gottes an ein Erfühlen, an das, was man spürt, gebunden.

Sollten sie es vergessen haben? Er ist auch zu Zeiten da, in denen sich der Eifer verflüchtigt und der fühlbare Widerhall verklingt.

Bevor du geboren wurdest, habe ich von dir geträumt, sagt Gott. Begreifen wir, daß Gott uns zuerst geliebt hat, können wir nicht anders, als den Schleier zerreißen, hinter dem wir uns verbargen.

Kommt der Tag, an dem es jeder wissen und vielleicht sagen wird: Nein, nicht er hatte sich entfernt, ich selbst war abwesend. Er hat mich begleitet. Dann brechen Augenblicke an, in denen Gott alles ist.

Wer sein ganzes
Leben einsetzt,
kennt keine Ausweglosigkeit

EIN SCHUTZLOS GEFÄHRDENDES JA

Im Evangelium kommt Jesus auf einen Jugendlichen zu sprechen, der zur Arbeit in einem Weinberg gerufen wird. Der Jugendliche antwortet: „Nein, ich gehe nicht." Doch dann ändert er seine Meinung und geht. Er bejaht.

Ein anderer vernimmt denselben Ruf. Er antwortet: „Ich gehe." Doch er geht nicht. Sein Ja war Strohfeuer.

In dieser Geschichte aus dem Evangelium geht es um ein sehr ernstes Ja, das Ja zur lebenslangen Nachfolge Christi.

Manche finden ein mutig gewagtes Ja in ihrer Antwort auf den Ruf Christi zur Treue in einer Ehe.

In einer Zeit, in der so viele familiäre Beziehungen zerbrechen: wirst du, wenn du dich für die Ehe entscheidest, die Herausforderung annehmen, bis zum letzten Atemzug durchzuhalten? Ein solches Durchhalten ist Widerschein der Treue, wie sie Christus selbst hält.

Wie viele Kinder wurden von Verlassenheit gebrandmarkt, durch zerschellte Beziehungen bis in die Tiefe verletzt. Sie haben das lebenswichtige Vertrauen verloren. Das Zerbrechen familiärer Beziehungen hat so viele Jugendliche unschuldig in der Kindheit oder frühen Jugend verwundet. Da sie ihr Vertrauen nicht denen schenken konnten, die ihnen das Leben weitergaben, wird auch das Vertrauen auf Gott verdunkelt. Sie erleben die Wüste im Herzen.

Zerbrochene Liebesbeziehungen: nichts zerreißt so sehr. Teilnahmslosigkeit, skeptisches Hinterfragen kommen auf: Wozu überhaupt leben? Hat das Leben ohne Liebe noch einen Sinn?

Wird deshalb jede Wohnung zu einer „kleinen Kirche Gottes", einer „Hauskirche" werden, zu einem Ort der

Gastfreundschaft, des Gebets, der Treue, des Mitleidens für alle in deiner Umgebung, die ihren Bewohnern anvertraut sind?

Es gibt auch Menschen, die Christus dazu ruft, ihm durch das Ja eines ganzen Lebens im Zölibat nachzufolgen.

Wenn du begreifst, daß dieses Ja ein ganzes Leben bindet, erahnst du etwas grenzenlos Unbekanntes: Wie werde ich bestehen? Wer ist innerlich für eine solche Selbsthingabe gerüstet? Zunächst zögert man und sagt in einem mit dem Menschen fast verwachsenen Aufbäumen nein.

Doch eines Tages merkt man voll Erstaunen, daß man in der Nachfolge Christi geht: Ein Ja wurde vom Heiligen Geist in den Urgrund des Menschen gelegt, in das, was man das menschliche Unterbewußtsein nennt.

Läßt du dieses Ja aus deiner eigenen Tiefe aufsteigen, wird es dir möglich zu sagen: Ich will es.

————

Das Einnehmendste an dieser Geschichte aus dem Evangelium ist, daß der Jugendliche zunächst nein gesagt hat. Gott zwingt niemals, er biegt unsere Lippen nicht zurecht.

Doch der Jugendliche begriff, daß seine Weigerung wie eine Entfremdung in ihm war. Hätte er nein gesagt, wäre er nicht mehr in Einklang mit dem, was ihn erfüllte, mit dem Geist Gottes, der zutiefst in ihm ja sagte, dasselbe Ja, das in Maria war.

Kann sich eine unerwünschte Berufung Gottes dermaßen durchsetzen, daß man in sie einwilligen muß? Der Prophet Jeremia schrieb eines Tages über seine eigene Erfahrung: „Ich sagte mir: Ich werde nicht mehr an Gott denken, werde nicht mehr in seinem Namen sprechen. Doch in mir war wie reißendes Feuer, zutiefst in mir. Ich wollte es unterdrücken, doch konnte es nicht."

Von Christus heißt es, „in ihm gibt es nicht Ja und Nein sondern nur Ja; er ist das Ja zu allen Verheißungen Gottes".

Manchmal mag das Wort „Macht" auf Gott bezogen mißbräuchlich verwendet werden, doch alles bezeugt, daß der Geist Gottes Macht hat, Treue zum Ja bis in den Tod zu schenken.

Ein Ja um Christi willen gefährdet dich. Es vereitelt, daß man sich selbst und den notwendigen Erweisen gegenseitigen Verpflichtetseins aus dem Weg geht.

Ein solches Ja hält wach, hält die Augen offen. Ein solches Ja erschüttert manchmal. Und es ist niemals angenehm, durchgerüttelt zu werden, das Zartbesaitete am Menschen mag Erschütterungen nicht.

Ein solches Ja hält wach. Es hält deine Augen offen. Könnte es erschlaffen oder sogar in Halbschlaf verfallen? Könnte es Christus in der Gemeinschaft seines Leibes, der allenthalben erschütterten Kirche und in der leidgeschundenen Welt fliehen?

Ein solches Ja für das ganze Leben ist Feuer. Es ist eine Herausforderung. Brenne das Feuer, das nicht verlöscht! Und das Ja im Innern flammt auf.

Ein solches Ja gefährdet dich. Es kann nicht anders sein.

Du willst dem Auferstandenen nachfolgen; an welchen Zeichen kannst du erkennen, daß du ihm begegnet bist?

Wirst du, statt ein Gefühl seiner Gegenwart zu suchen, Wege finden, Gott in den ganz gewöhnlichen Ereignissen deines Lebens zu entdecken und im täglichen Leben alles, was er dir eingibt, in die Tat umzusetzen?

An welchen Zeichen kannst du erkennen, daß du Christus begegnet bist? Wenn es dich unwiderstehlich dazu drängt, alles zurückzulassen, dich selbst ganz hinzugeben, ohne zu wissen, wohin der Weg dich führt. Du bist ihm begegnet, wenn trotz zugehaltener Ohren sein Wort in dir widerhallt: „Du, komm und folge mir nach."

Lange vor Christus schrieb ein Glaubender des Alten Testaments: „Willst du dem Herrn dienen, so mache dich auf Prüfungen gefaßt, habe ein lauteres Herz und handle entschlossen" (Sirach 2, 1).

Sich für Christus entscheiden heißt: Alles oder Nichts. Es gibt kein Mittelmaß. Wirst du bereit sein, selbst am eigenen Leib das Mal Jesu und das Brennen seiner Liebe zu tragen? Sie lassen sich in dir erkennen, wenn du ihm sagen kannst: „Du hast mich zuerst geliebt, du bist meine Freude, die Liebe meines Lebens, das sei mir genug."

Wenn du ihm bis zum Äußersten nachfolgen willst, was auch immer der Preis dafür sein mag, so bereite dich, in einem Leben als Armer, auf Kämpfe vor: Tag für Tag im Kleinen die Treue halten, verbindet dich mit einer unermeßlichen Wirklichkeit. Und eine Menschlichkeit voll Verständnis für alle, ein Herz weit wie die Welt, formen sich in dir.

An welchen anderen Zeichen erkennst du, daß du dem Auferstandenen begegnet bist? Wenn die inneren

Kämpfe, die seine Nachfolge mit sich bringt, wenn die Anfechtungen und selbst der innere Tränenstrom, der aus dir hervorbrechen kann, wenn dein eigenes Ringen statt dich zu verhärten, sich in einen Quellort verwandelt.

Mit einer solchen Verwandlung bricht schon auf der Erde die Auferstehung an. Eine Wende, die sich im eigenen Innern vollzieht, Pascha, Ostern mit Christus, ein beständiger Durchgang vom Tod zum Leben.

Alles, was einen Menschen entstellen kann, Einsamkeit, Verlust des Lebenssinns, das Gefühl, unnütz zu sein, alles, was sonst die Fasern der Seele zerreißen würde, all das versperrt bei einer solchen Wende den inneren Durchgang nicht länger – es schlägt vielmehr eine Bresche von Angst zu Vertrauen, von Resignation zu schöpferischer Begeisterung.

Du willst dem Herrn nachfolgen: fürchte dich nicht, dich zusammen mit Christus auf den Osterdurchgang einzulassen. Wenn du dir bei seinen Worten „Komm und folge mir nach" die Ohren nicht zuhältst, wird dich deine eigene Antwort überraschen:

„Ich habe dich erkannt. Deshalb möchte ich in deiner Nähe bleiben, denn du hörst das Stammeln eines einfachen Gebets, bei dir bleiben, dem verherrlichten Christus, auferstanden in jedem, der nach dir sucht. Ich möchte auch gern die Kraft haben, dich bis in deinen Todeskampf für die Menschheit zu begleiten, denn du bist jedem nahe, der durch Leiden geht, jedem, der für viele andere kämpft. Um dir Vertrauen zu schenken, um innerlich entschlossen und stark zu werden, bin ich bereit, alle meine Energien zu sammeln und, wenn nötig sogar gewaltsam, mein Herz an das Herz Gottes zu hängen, weil ich begriffen habe: nur die Gewalttätigen bemächtigen sich des Reiches Gottes."

Sich ganz seinem Vertrauen überlassen, das ist Liebe in

ihrer klarsten Gestalt, keine täuschende Liebe, die sich mit Worten begnügt, sondern das Vertrauen einer Liebe, die einen zu jeder Zeit ein ganzes Leben lang ergreift, eine Liebe, stark wie der Tod.

Du willst Christus nachfolgen; nur wenn du ihm Vertrauen schenkst, nicht anders, begegnest du ihm.

Wie kannst du ihm vertrauen und ihm in einem lebenslangen Engagement nachfolgen, wo du so oft Angst hast, dich zu täuschen, oder später in deinem Leben, dich damals geirrt zu haben?

Um dich auf ein solches Ja vorzubereiten und es dann zu leben, brauchst du jemanden, zu dem du über dich selber sprechen kannst; doch nicht irgend jemand Beliebigen. Sonst würdest du dir jemanden suchen, der deinen Schwächen nachgibt, und auf diesem Weg würdest du nie zu schöpferischer Entfaltung gelangen. Von deinen innersten Gedanken und Regungen kannst du nur zu jemandem sprechen, der im Geist der Unterscheidung geübt ist, der zwischen den Widersprüchen eines Menschen zu lesen versteht.

Wer einen solchen Dienst des Zuhörens ausübt, hat keine Methode, keine Theorie. Er hat nicht für alle dieselbe Antwort bereit, sie hängt von der persönlichen Gabe jedes einzelnen ab.

Dem einen kann er nur sagen: „Laß alles stehen und liegen, und zwar sofort, sonst würdest du vor Gott flüchten." Zu einem anderen, der im gleichen Maß Christus nachfolgen möchte, wird er eher sagen: „Um dein ganzes Leben in Gott zu engagieren, bringe eine Berufsausbildung hinter dich und stelle dich in den Dienst an den Menschen. Jetzt deine Ausbildung abbrechen, wäre Flucht in die Bequemlichkeit."

Eines wird er jedoch allen versichern: „Du wirst Gott nur erfahren, wenn du das Risiko eingehst, aus ihm zu leben: in einem ungesicherten, nicht in einem geschützten, *in sich selbst verschlossenen Leben. Und nicht nur für einige Zeit, sondern ein ganzes Leben lang. Wage es immer wieder und immer noch einmal, dieses Risiko einzugehen.*"

Die Furcht vor einer falschen Entscheidung befällt einen in jungen Jahren, doch kann sie auch viel später wiederkommen. Manch einer entflammt in der Mitte seines Lebens neu, in der Meinung, endlich die wahre Liebe seines Lebens entdeckt zu haben. Er sieht nur noch die Irrtümer, in denen er befangen war, als er in jungen Jahren seine Lebensentscheidung traf, er vergißt, daß man auf Erden nichts vollkommen Lauteres vollbringen kann; sonst wären wir bereits Engel.

Hat der, der dir zuzuhören verstand, dein Ja zu Christus bestätigt, so ziehe los. Bleibst du im Treibsand von Unschlüssigkeit und Nachtrauern zurück, verlierst du nur Zeit, eine Zeit, die nicht mehr dir gehört, sondern schon zur Zeit Gottes geworden ist. Der Teil Irrtum oder Zweideutigkeit, der jeder Entscheidung anhaftet, wird im Feuer des Geistes Gottes verbrennen.

Du willst um Christi willen dein Leben aufs Spiel setzen; jeden Tag wirst du dich fragen, was sein Wort „wer sein Leben retten will, wird es verlieren" bedeutet. Eines Tages wirst du den Sinn dieser Absolutheit begreifen.

Was dazu führt, sie zu verstehen? Suche, suche und du wirst finden.

VOM ZWEIFEL ZUM VERTRAUEN
DES GLAUBENS

Keiner ist von Natur aus dafür gemacht, den Radikalismus des Evangeliums zu leben. In jedem Menschen überlagern sich Ja und Nein.

Und doch baut die Persönlichkeit des Menschen gerade auf seiner uneingeschränkten Hingabe auf. Wenn er sein ganzes Leben einsetzt, bereitet sich das in ihm vor, was er nicht zu hoffen wagte. Engpässe, Entmutigungen und Kämpfe auf seinem Weg sind weit davon entfernt, ihn zu zerstören: sie formen ihn. Die dunklen Wegstrecken werden in Etappen zurückgelegt: die Einsamkeit langer Nächte fast ohne Licht und voll ungestillten menschlichen Verlangens ... die Bitterkeiten, diese Schwäre des Daseins ... die Stürme ... die Ängste, die an den Wendepunkten des Lebens lauern ...

Ist das Gelände mit Gestrüpp, mit Disteln und Dornen bedeckt? Mit den Dornen entzündet Christus ein Feuer. Bleiben Wurzeln der Bitterkeit, der Unfähigkeit zu lieben zurück? Sie nähren dieses Feuer. Die Schwächen werden zu einem Schmelztiegel, aus dem das Ja Tag für Tag wieder und wieder und immer von neuem hervorgebracht wird. Das Bedrohlichste im Menschen verwandelt sich in einen Hebel, mit dem er seine Schwerfälligkeit aufhebt.

Es kommt der Augenblick, wo das, was man schon nicht mehr erwartet hatte, geschenkt wird. Dann bricht das Ungeahnte an. Ein Widerschein Christi in uns. Die andern sehen diese Ausstrahlung, auch wenn wir selbst uns ihrer nicht bewußt sind. Es gibt keine Möglichkeit festzustellen, welche Ausstrahlung wir haben. So viele Menschen auf der Erde strahlen Gott aus, ohne es zu wissen, ja vielleicht sogar, ohne zu wagen, es zu glauben.

Für den, der sein ganzes Leben einsetzt, gibt es keine Ausweglosigkeit.

Wir glauben, uns von Christus abgewendet zu haben; er wendet sich nicht von uns ab.

Wir glauben, ihn vergessen zu haben; er war da.

Und so nehmen wir unsern Marsch wieder auf, wir beginnen von neuem, Christus ist gegenwärtig.

Darin liegt das Unerwartete, darin liegt das Ungeahnte.

Viele schrecken vor dem Radikalismus des Evangeliums und vor den damit verbundenen Gefahren zurück. In ihnen bleibt der Zweifel. Manche wissen nicht, ob sie noch glauben oder nicht.

Nicht Christus ist es, der abwesend oder dem Menschen fern ist. Der Mensch ist es, der zerstreut, fern oder gleichgültig ist. Christus existiert unabhängig vom Menschen, er ist nicht an die subjektiven Gefühle gebunden, die wir für ihn hegen oder nicht.

Wenn wir uns heute unserer Zweifel stärker bewußt sind als die Menschen früherer Zeiten, so deshalb, weil wir uns eher damit abfinden, daß unsere Gläubigkeit Löcher des Unglaubens aufweist.

Früher sprach man das „ich glaube", „credo", leichter aus; heute gibt es viele, die lieber zuerst zu Gott sagen: „Ich liebe dich", und erst dann, ziemlich viel später: „Ich glaube."

Schon vor mehr als einem Jahrhundert fingen die Christen an, sich auf diese Weise über Zweifel und Glauben Gedanken zu machen. Dostojewski schrieb in seiner sibirischen Gefangenschaft: „Bis heute bin ich ein Kind des Unglaubens und des Zweifels, und ich weiß wohl, ich werde es bleiben bis zum Grabe. Welch schreckliche Qualen hat dieser Durst nach Glauben, der um so stärker ist, je mehr Gegenargumente sich in mir erheben, meiner Seele schon angetan, und er tut es auch jetzt noch."

Gleichzeitig aber bekennt Dostojewski, „es gibt" in seinen Augen „nichts Schöneres, Tieferes, Sympathischeres, Vernünftigeres, Männlicheres und Vollkommeneres als Christus, ja es gibt nicht nur nichts, sondern – ich sage es mit eifersüchtiger Liebe – es kann nichts geben. Ja, noch mehr. Bewiese man mir, daß Christus außerhalb der Wahrheit steht und die Wahrheit außerhalb Christi, so würde ich lieber an Christus festhalten als an der Wahrheit."

Wenn also Dostojewski zu verstehen gibt, daß in ihm beide, der Glaubende und der Nichtglaubende, nebeneinander wohnen, das Nein mit dem Ja, so tut das seiner leidenschaftlichen Liebe für Christus keinerlei Abbruch. Obgleich er ein Kind des Zweifels und des Unglaubens ist, hört er dennoch die Frage Christi: „Liebst du mich?", und Tag für Tag geht er von neuem den Weg vom Zweifel zum Glauben.

„Gott aller Menschen, seit urdenklichen Zeiten hast du durch deinen Geist in jeden ein Gesetz der Liebe eingeschrieben. Doch nur wenige begreifen, daß du sie nach deinem Bild als Freie geschaffen hast, frei, um zu lieben.

Lebendiger Gott, um zu versuchen, dich verständlich zu machen, bist du durch Christus Jesus als ein Armer auf die Erde gekommen.

Und diesen abgelehnten, an einem Kreuz gemarterten, tot in ein Grab gelegten Jesus hast du auferweckt."

Niemand kann den Tod Jesu verstehen, ohne diesen zunächst als Auferstandenen zu begreifen. Blitzartig erahnt man das Geheimnis:

„Christus, deinen Jüngern wie uns selbst stellst du die Frage: Wer bin ich für euch?

Du bist der Lebendige. Als Auferstandener liegst du jetzt im Todeskampf zusammen mit jedem, der durch Anfechtungen geht. Dein Geist bewohnt den, der menschliches Leiden erfährt.

An jeden richtest du einen Aufruf, dir nachzufolgen. Dir nachfolgen erfordert, jeden Tag unser Kreuz auf uns zu nehmen. Doch du steigst herab, dorthin, wo wir sind, bis in die tiefsten Tiefen, um auf dich zu nehmen, was auf uns lastet. Du hältst dich in der Nähe eines jeden Menschen. Du besuchst selbst noch jene, die gestorben sind, ohne imstande gewesen zu sein, dich zu erkennen (1 Petrus 3, 19–20).

Die Kontemplation deiner endlosen Barmherzigkeit wird zu einem Strahl der Güte im demütigen Herzen, das sich führen läßt durch deinen Geist."

Daß sich Gott durch Christus dermaßen universal macht, übersteigt bei weitem das Fassungsvermögen der menschlichen Intelligenz. Angesichts der Größe des Geheimnisses rief schon ein Glaubender im Evangelium aus: „Ich glaube, Herr, komm meinem geringen Glauben zuhilfe." Dieser geringe Glaube, das ganz wenige, das jeder Tag für Tag entdeckt, genügt, um in der Nachfolge des Auferstandenen voranzugehen.

Wer Christus nachfolgen will, schenkt ihm sein Vertrauen, in Tagen, an denen das Herz erfüllt ist, wie in Augenblicken, wo er vor Einsamkeit aufschreit.

„Wärst du nicht auferstanden, Herr Jesus Christus, zu wem sollten wir gehen, um einen Widerschein des Angesichts Gottes zu entdecken?

Wärst du nicht auferstanden, wären wir nicht zusammen, um deine Gemeinschaft zu suchen. Fänden wir bei dir weder Verzeihen noch Versöhnung, diese Quellen eines Neubeginns.

Wärst du nicht auferstanden – wo sollten wir die Kraft schöpfen, um dir bis zum Ende unseres Lebens nachzufolgen, uns immer wieder von neuem, bis ins Alter, für dich zu entscheiden?"

Sich für Christus entscheiden! Er stellt uns vor eine Alternative: „Wer sein Leben retten will, wird es verlieren, wer sein Leben aus Liebe zu mir hingibt, wird es wiederfinden." Doch er drängt uns diese Entscheidung nicht auf; er läßt jedem die Freiheit, sich für ihn zu entscheiden oder ihn abzulehnen. Er übt niemals Zwang aus. Seit zweitausend Jahren steht er gütig und demütig von Herzen an der Tür eines jeden Menschen und klopft an: „Liebst du mich?"

Wenn die Fähigkeit, ihm zu antworten, zu schwinden scheint, bleibt noch die Möglichkeit, ihn anzurufen: „Gib mir, daß ich mich hingeben kann, daß ich mich in dir, Christus, an Leib und Geist ausruhen kann."

Sich für Christus entscheiden erfordert, auf einem einzigen Weg, nicht auf zwei Wegen zugleich zu gehen. Wer gleichzeitig ihm nachfolgen und sich selber folgen wollte, ginge daran, seinem eigenen Schatten zu folgen, in der Jagd nach menschlichem Prestige oder gesellschaftlichem Ansehen. Sollte er, um sich selbst zu dienen, ungewollt so weit gehen, sich Christus und der Gemeinschaft, die die Kirche ist, für eigene Zwecke zu bedienen?

Zurückzuschauen, nachdem man in den Ruf eingewilligt hat, läßt nicht unbeschadet. Bedauern nährt Unruhe und Auflehnung gegen sich selber. Wie Wellen durchbrechen diese schließlich den Deich in einem selbst und stürzen auf die anderen zu. Welche Verheerung!

Für den, der den Weg zu fliehen sucht, gibt es nichts Wesentlicheres, als angehört zu werden. Keinesfalls für sich selbst behalten, was in der Tiefe verletzt. Nicht wie ein Halbtoter bleiben. Es wagen, alles einem anderen zu sagen, dem es gelingt, ohne zu verurteilen, unter dem Herzen zu lesen, weil er selbst durch Anfechtungen zu gehen und sein Einfühlungsvermögen zu üben verstand.

Kommt der Tag, an dem wir leise sagen: „In meiner Sehnsucht, allein aus dem Wesentlichen zu leben, denke ich an dich, den Auferstandenen. Mein Herz, mein Geist und mein Leib sind wie Land, das nach dir dürstet. Obwohl ich dich vergaß, hörte ich doch nicht auf, dich zu lieben. Und du gießt eine Liebe aus, die sich Verzeihen nennt, du machst mich zu einem Lebenden."

Einmal mehr höre ich von einem 45jährigen Mann Worte, die heute sehr geläufig sind: „Als ich heiratete, hatte ich keine Distanz und keine klare Erkenntnis. Heute aber habe ich die Frau meines Lebens gefunden." Gewiß besaß dieser Mensch mit 23 Jahren kein vollendetes, klares Urteilsvermögen. Aber in welchem Alter wird er dieses wohl haben?

Man kann keine Wahl treffen, ohne andere Möglichkeiten für immer auszuschließen. Andernfalls wären wir unbeständig wie Wetterfahnen: wir wollen ja sagen, aber nur für den Augenblick, ohne dauerhafte Konsequenzen.

Das Ja zur Ehe wie zur Ehelosigkeit stellt uns sozusagen auf einen steilen Grat. Dabei geht es um den ganzen Menschen, mit seinem Leib und allen Kräften seines Innern: Intelligenz, Empfindungsvermögen, affektive Neigungen, Phantasie.

Wer dieses Ja spricht, sagt immer wieder, sein ganzes Leben lang, zu Christus: „Ich vertraue dir, ich glaube dir auf dein Wort hin!" Wollte man völlige Klarheit abwarten, um ein Ja zu sprechen, das ein Ja bleibt, dann könnte es leicht geschehen, daß man schließlich nur mehr Reste anzubieten hat.

Einmal gesprochen, ist dieses Ja die Hauptstütze, sich ständig mit seinen schöpferischen Kräften zu entfalten; es ist eine Achse, um die sich der Mensch in lebendiger Freiheit bewegt, eine Quelle, in deren Nähe der Mensch tanzen kann.

Gewiß kommen für diesen Menschen auch Augenblicke, da die Treue nicht mehr in ihrer Spontaneität lebendig ist: das Ja wird zur Last, es wird ohne Liebe aufrechterhalten. Dann – aber nur vorübergehend – kann es notwendig werden, sich dem Erzieher, dem Gesetz, auszusetzen, bis die Liebe von neuem aufbricht.

Nur vorübergehend! Es gibt Menschen, die sich ihr ganzes Leben unter das Gesetz stellen – aber welche Eintönigkeit und Routine liegt in einer solchen Bestimmung! Früher oder später setzt sich die Verhärtung durch. Nichts wirkt abstoßender als Menschen, die der äußeren Erscheinung nach eine Berufung festhalten, welche aber in Wirklichkeit nur noch soziologisch erklärbar ist.

Das Vertrauen auf den Menschen ist gegenwärtig in einer Krise, und dadurch werden viele, die einst ihr Ja zum Priestertum gesagt hatten, in ihrer Identität erschüttert. Orientierungslos geworden, wissen sie nicht mehr, wozu sie da sind. Wo liegt der Kern der priesterlichen Berufung? Ich sehe drei Hauptlinien:

Der Priester sucht Christus als seine erste Liebe. Er setzt sein Leben ein; er ist bereit, es für die Seinen hinzugeben.

Er löst auf Erden, was damit zugleich auch vor Christus gelöst ist. Er wird so zum Menschen der Befreiung. Er übt sich ein Leben lang im Zuhören, im Ausloten der Tiefen des Menschseins. Mit zunehmendem Alter lernt er immer besser, den Menschen zu verstehen und ihm Freiheit zu geben.

Und er ist es, der es geschehen läßt, daß der Mensch in der Eucharistie aus dem Ostergeheimnis lebt.

Wie können Männer, die einer solchen Berufung folgen, ohne uns, in der Isolierung leben? Was können wir für sie und mit ihnen tun? Mehr als wir glauben möchten: Sie nicht der Einsamkeit überlassen. Ihnen unser Vertrauen entgegenbringen. In ihrem Dienst der Befreiung ein Herz suchen, wie es ein Armer hat, ein versöhntes Herz, das in Jesus Christus heil geworden ist. Und ihnen zugleich den Klang der Freude und des Festes wiedergeben.

Manche sagen, daß es schlechte Hirten gibt. Wenn dem so ist, schweigen wir. Da wir in uns selbst zu kämpfen haben, weil wir gebrechlich und verwundbar sind, wie können wir von ihnen fordern, daß sie Übermenschen seien?

ZERBRECHLICH WIE TONGEFÄSSE

Eines ist zu groß, als daß wir es begreifen könnten: warum hat Gott gerade uns, die wir zerbrechlich sind wie Tongefäße, dazu aufgerufen, ein Stück des Geheimnisses von Christus weiterzugeben? Und warum antworten die einen auf diesen Ruf und die anderen nicht?

„In irdenen Gefäßen", schrieb schon vor zweitausend Jahren ein Zeuge Christi, „tragen wir diesen Schatz, den auferstandenen Christus, damit sein Strahlen von Gott und nicht von uns kommt. Von allen Seiten werden wir in die Enge getrieben und finden doch Raum, wir werden niedergeschlagen und doch nicht vernichtet. Wohin wir auch gehen, immer tragen wir das Todesleiden Jesu an unserem Leib, damit auch das Leben Jesu an unserem Leib sichtbar wird" (2 Kor 4,7–10).

Etwas von Christus sichtbar machen und weitergeben! In unserem Leben etwas vom Auferstandenen widerspiegeln! Und doch wissen wir so wenig von ihm. Wo bliebe das Strahlen Gottes, wenn wir uns auf unseren eigenen Glauben und auf unsere persönlichen Fähigkeiten stützen müßten? Nicht umsonst hat Gott unsere menschliche Zerbrechlichkeit gewählt, um darin seine Herrlichkeit zu zeigen. Wie gut erkennen wir uns in einem Gebet der Christen aus der ersten Zeit der Kirche wieder, die auch Christus liebten, ohne ihn gesehen zu haben, und zu ihm sagten: „Du schaust nicht auf unsere Sünden, sondern auf den Glauben deiner Kirche."

Wer sich darauf einläßt, durch sein Leben ein Stück vom Geheimnis Christi weiterzugeben, wer selbst in den Durststrecken seines Lebens auf Christus vertraut, weiß, daß diese Entscheidung mit sich bringen kann, unmerklich auf das Martyrium zuzugehen. Doch gleich was geschieht, niemals endet dieser Mensch in einem unwiderruflichen Mißerfolg: von allen Seiten in die Enge getrieben, findet er doch Raum; wird er auch niedergeschlagen, er ist doch nicht vernichtet.

Wer die Folgen des Rufs Christi bis zum Letzten auf sich nimmt, bemerkt, daß sein Herz universal wird: ohne Selbstgefälligkeit wird er allem zuhören, die Not und Verzweiflung der Menschen mittragen können. Statt sich zu verhärten, statt dem Leiden gegenüber abzustumpfen, wird er mit den Jahren im Herzen unendlich weit.

Woher kommt es, daß ein solcher Mensch weder gebeugt noch erschöpft ist, obwohl er an den Rand seiner Kräfte gedrängt ist, obwohl er das Todesleiden Jesu an sich trägt, das Elend aller Menschen auf der Erde. Dies ist sein Geheimnis: in jedem Augenblick legt er alles in die Hände Christi, die Anfechtungen der anderen, seine eigenen, alles, was auf ihn einstürzt. Würde er nicht sogar noch für seine Feinde beten, überließe er einen Teil von sich selbst der Finsternis.

In dieser fortwährenden Übergabe an Gott werfen wir alles, selbst unsere körperliche Erschöpfung auf ihn. Und alles atmet neues Leben, so frei, daß sich der Auferstandene selbst an unserem Körper zeigt. Mit unserem Körper singen wir sein Lob. Von neuem beginnt alles in uns zu singen bis zur Lebensfülle: „Jubilate Deo, jubilate Deo."

Die einzigartige Gemeinschaft, die sich Kirche nennt

AUS EINER SACKGASSE HERAUSFINDEN

Ein Wort Jesu wird ungemein aktuell: Wenn du deine Gabe zum Altar bringst, und jemand etwas gegen dich hat, laß alles liegen und geh zuerst, dich zu versöhnen.

In diesen Jahren, in denen die zeitgenössischen Gesellschaften in immer beschleunigterem Rhythmus von einer Krise in die nächste geraten, sind auch die Christen erschüttert. Sie leiden an einer heimtückischen Zersetzungskrankheit.

Schwer drückt das Gewicht der konfessionellen Spaltungen, wo doch die Zahl der Menschen, die Gott nicht kennen, schwindelerregend wächst.

Sind die Christen in konfessionelles Nebeneinanderher, Rivalitäten oder einen Konkurrenzkampf verfangen, liegt das Beste eines jeden brach. Zurück bleibt Traurigkeit.

„Geh zuerst." Und nicht: „Verschieb es auf später."

Liegt es nicht an der erhabenen ökumenischen Berufung, sich verklären zu lassen durch das Wunder einer Versöhnung, die nicht auf später verschoben wird?

Wir sind über die Pionierzeit hinaus. Zur Heilung der alten und neuen Wunden ist es vonnöten, daß die ökumenische Berufung eine neue Wende nimmt. Sie war in der Lage, bemerkenswerte Einrichtungen für den Dialog, viele Kommissionen und Arbeitsgruppen zu schaffen. Um diese neue Wende zu vollziehen, kommt es maßgeblich darauf an, daß sich ihre Mittel, Strukturen und spirituelle Intelligenz vollständig in die Fähigkeit zu sofortiger Versöhnung verwandeln lassen.

Darauf verzichten, auf parallelen Wegen zu bleiben, nicht zurückschauen, einander verzeihen: dort liegt der Brennpunkt.

———

Bei der Ankündigung des Zweiten Vatikanischen Konzils vor mehr als fünfundzwanzig Jahren sagte Johannes XXIII. Worte, die eine Aussicht auf Versöhnung eröffneten: „Suchen wir nicht herauszufinden, wer recht und wer unrecht gehabt hat, versöhnen wir uns."

Am Vorabend des Konzils erwachte die Hoffnung auf eine unverzügliche Versöhnung der nichtkatholischen Kirchen mit der Kirche von Rom. In den folgenden Jahren wuchsen im Geist der Einheit neues Verständnis und Freundschaft. Seither wurden bemerkenswerte theologische Unterlagen verfaßt.

Mit den Jahren erwies sich jedoch, daß die Versöhnung nichtkatholischer Kirchen mit der Kirche Roms wie in sehr ferne Zukunft gerückt war.

Die diese Versöhnung wünschten, waren vielleicht zahlreicher als man denkt. Und viele setzen die Arbeit an Langzeitvorhaben in der theologischen Forschung, an den vielfältigen, von ökumenischen Institutionen angestrengten Dialogen fort. Dennoch bleibt weiterhin das Gewicht der Geschichte, das eine Art irrationale Verweigerung aufgebaut hat.

Wozu angesichts der erheblichen Hindernisse sich illusorische Hoffnungen machen oder solche im Volk Gottes aufrechterhalten?

———

Gott verurteilt niemanden zur Unbeweglichkeit. Niemals verbaut er den Weg. Immer bahnt er neue Wege, mögen sie manchmal auch eng sein. Es stellt sich die Frage: Wie aus der Sackgasse hinausfinden. Wo für eine entscheidende Umbruchsperiode einen – sei es nur ganz kleinen – Weg sofortiger Versöhnung finden?

Es gibt ihn. Er stellt keine bequeme Lösung dar, setzt er

doch stets und weiterhin ein und denselben Glauben, ein und denselben Sinn ein und dieselbe Hoffnung voraus.

Dieser kleine Weg kann nur ein persönliches Unterfangen sein, er ist inwendig, es ist der Weg einer Versöhnung im eigenen Innern, in der eigenen Person.

Ohne jemanden zu demütigen, ohne für irgendeinen Menschen ein Symbol der Ableugnung zu sein, ist es möglich, die Ausrichtung auf Gottes Wort, wie es zutiefst in den aus der Reformation hervorgegangenen kirchlichen Gemeinschaften geliebt wird, und die Schätze an Spiritualität der orthodoxen Kirchen mit allen Gnadengaben zur Gemeinschaft der katholischen Kirche im eigenen Innern aufzunehmen, indem man sich tagtäglich darauf einstellt, dem Geheimnis des Glaubens Vertrauen zu schenken.

Lange, lange Jahrhunderte hindurch, seit den Anfängen der Kirche, seit Maria und den Aposteln, war die Mütterlichkeit der Kirche ungeteilt. Diese Mütterlichkeit bleibt eins. Sie wird nicht ausgelöscht, wenn zu bestimmten Zeitpunkten Trennungen eintreten.

Wer eine Gemeinschaft unter Christen sichtbar zu machen sucht, muß im Innern wirken, so wie auch ein einzel-
ner Mensch nicht durch Aufforderungen von außen,
sondern nur aus seinem Innern heraus geändert werden
kann. Härte und Druckmittel haben noch immer zur Er-
pressung geführt, zur Verletzung der menschlichen Freiheit.

Neue Verbindungen der Gemeinschaft knüpfen, heißt
Fäden spinnen; manchmal genügt schon ein einziger Fa-
den. Ob wir es wissen oder nicht, weben wir dabei am Gewand Christi, seiner Kirche.

Warum diese ständige Sorge um die einzigartige Gemeinschaft mit dem Namen der Kirche? Weil es ohne
Christen, die als ein Volk zusammenleben, keine Kontinuität Christi in der Geschichte der Menschheit gibt.
Christus losgelöst von seinem Leib lieben führt dazu, sich
in der eigenen Innerlichkeit zu vergraben. Christus lieben,
die Gemeinschaft in seinem Leib lieben, die Kirche, eröffnet unbegrenzte Räume.

Und warum diese Leidenschaft für die Katholizität der
Kirche, für eine Universalität, die auf alle ihre Dimensio-
nen ausgeweitet ist: die Dimension der Tiefe, Suche einer
persönlichen Begegnung in der Kontemplation; die Dimension der Breite, Solidarität mit dem Menschen, der
zum Opfer des Menschen wird; die Dimension der Höhe,
schöpferisches Gestalten in einfacher Schönheit, im gemeinsamen Gebet?

Nicht um ihrer selbst willen sind wir für sie eingenom-
men. Sobald die Kirche zum Selbstzweck wird, ist sie zu
Kleinkriegen verurteilt, ergehen über sie Urteile aller Art,
die sie in kleine oder große Konfessionen aufsplittern.

Nicht um ihrer selbst willen ist uns die Kirche wichtig, wohl aber dann, wenn sie uns anspornt, Gott an der Quelle der Anbetung zu suchen, wenn sie uns dazu drängt, Christus für die Menschen zu leben, und wenn sie zu einem Ort der Gemeinschaft für die ganze Menschheit wird.

Diese einzigartige Gemeinschaft, die sich Kirche nennt, verliert ihre Bedeutung, wenn sie nicht universal, ökumenisch, katholisch und fähig ist, das Leiden und die Hoffnung der ganzen Menschheitsgemeinschaft auf sich zu nehmen. Kein nur Bevorteilten oder Glaubenseliten vorbehaltener Ort, sondern offen für uns alle – die Armen der Erde.

Freilich weist die Kirche, wie offen sie auch sein mag, Konturen auf, die Umrisse eines Leibes; doch sie verliert ihre Bedeutung, wenn ihre Glieder nicht Brüder aller Menschen, auch der Nichtglaubenden sind.

Die Kirche steht heute vor einer der größten Herausforderungen in ihrer Geschichte: Ist sie sich genügend bewußt, daß sie als einziger Ort in der Lage ist, innerhalb der ganzen Menschheitsfamilie ein Ferment universaler Gemeinschaft und Freundschaft zu sein?

Damit sich dieses Ferment unter den Menschen ausbreiten kann, muß eine Vorbedingung erfüllt werden: eine sofortige Versöhnung unter den Christen. Wie können sich Unversöhnte auf einen Gott der Liebe berufen und andere durch ihr eigenes Leben zu Gott führen? Können die Christen weiterhin noch ehrlicherweise über den Ökumenismus sprechen, wenn sie sich nicht konkret und sofort versöhnen? Wenn sie nur die lieben, die sie wieder lieben und ihnen gleichen – tun das nicht auch die Nichtglaubenden? Die Inkonsequenz unter den Christen nimmt ihren Worten die Glaubwürdigkeit und treibt die neue Generation aus der Kirche.

Wenn sich zwei Personen, die sich voneinander getrennt haben, versöhnen wollen, ist es unumgänglich, daß jeder zunächst die besonderen Gaben des anderen entdeckt. Behauptet jeder, im Besitz aller Gaben zu sein, will jeder alles einbringen, ohne etwas vom anderen anzunehmen, wird die Versöhnung nie zustande kommen.

Unter den Kirchen gilt dasselbe. Versöhnung bedeutet nicht Sieg der einen und Demütigung der anderen. Sie schließt nicht die Ableugnung jener mit ein, die uns den Glauben an Christus weitergegeben haben, sie erfordert vielmehr, daß jeder die Gaben im anderen entdeckt.

WARUM GIBT ES KEINEN FRIEDEN
IM VOLK GOTTES?

Ist unser sogenanntes „Jahrhundert der Ökumene" wahr-
haftig das Jahrhundert der Gemeinschaft?

Überall treten in diesen Jahren Risse, Gegensätze, neue
Spaltungen auf: Spaltungen der Erde in eine von Ideen
übersättigte nördliche Hemisphäre mit ihren Überflußge-
sellschaften und in eine immer tiefer in die Armut absin-
kende südliche Hemisphäre mit ihren weiten, spannungs-
geladenen Gebieten, die nicht Nebenprodukt des Westens
sein wollen; Spaltung in der Theologie; Spaltung zwischen den Generationen.

Warum gibt es keinen Frieden im Volk Gottes?

Der Frieden geht verloren, wenn man instinktiv die alten und neuen Gegensätze unter den Christen mit den
Fehlern der andern in Zusammenhang bringt. Das macht
unfähig, auf den andern zuzugehen und ihm zu sagen:

Ich wollte im Volk Gottes auf eine reinere, kompromiß-
losere, von der Bürde der Jahre und der Last der Jahrhunderte freiere Weise bauen, aber es ist mir nicht gelungen,
weil ich es ohne dich unternommen habe. Was meine Gemeinschaft, wie ich glaubte, an Reinheit gewonnen hat,
das hat sie an Ausstrahlung auf die Gemeinschaft aller
Menschen verloren.

Wie können wir uns bewußt werden, daß für alle Spaltungen immer beide Seiten verantwortlich sind, genauso
wie für jede Scheidung?

Von den ersten Jahrhunderten an pflegten sich die
Christen mit den folgenden Worten zum Frieden zu mah-
nen: „Beginne das Werk des Friedens in dir selbst, damit
du ihn, wenn er in dir hergestellt ist, auch den andern
bringen kannst."

Ohne diese im Innern der christlichen Berufung verankerte Forderung gerät alles in Verwirrung. Alles, auch die Ökumene, kann zum Ferment für Gegensätze werden sowohl bei jenen, die gegen die Reformen sind, als auch bei jenen, die sie wünschen. Unter ihnen gibt es Menschen, die im Volk Gottes gelitten haben. Sie vermochten nicht, die ihnen auferlegten Prüfungen mit einer glühenden Geduld zu tragen.

Wie kommt es, daß dieses „Jahrhundert der Ökumene" nicht schon das Jahrhundert der Gemeinschaft ist?

Sollte die Dynamik echter Aufgeschlossenheit, aufrichtigen Wohlwollens und der Bereitschaft zu verzeihen im Westen wirklich zerbrochen worden sein durch die in mehr als vier Jahrhunderten erworbene Gewohnheit, einander mit Verurteilungen zu traktieren?

Das gute Gewissen kann uns dahin bringen, über Christen, die anders sind als wir, negative Urteile abzugeben. Sollte es uns auch hindern, das Gebet für alle Menschen, sogar für jene, die uns herabsetzen, in uns aufkommen zu lassen?

Die Gemeinschaft unter den Christen läßt sich nicht dadurch herstellen, daß man an den andern mit Forderungen herantritt – genausowenig wie in der kleinen Zelle der Ehe oder einer beliebigen anderen Gemeinschaft. Nichts wirkt so zerstörerisch auf uns, als wenn wir uns nur deshalb mit dem andern beschäftigen, um ihn von unseren Vorstellungen zu überzeugen.

Ist nicht das verschworene Schweigen, mit dem das Dienstamt des Papstes belegt wird, an der Erstarrung der ökumenischen Bewegung mit schuld? Kann sich die ökumenische Bewegung aus ihrer Blockierung befreien, wenn wir uns nicht auf ein weltweit zu verstehendes pastorales Dienstamt an der Einmütigkeit beziehen?

Ein Mann namens Johannes hat mir diese Perspektive nähergebracht. Durch die Art, wie Johannes XXIII. sein Dienstamt ausübte, hat er mir die Augen für diesen Weg der Universalität geöffnet. Als Zeitgenossen dieses Zeugen Christi sind wir durch ihn herausgefordert.

Bei meinem letzten Gespräch mit Johannes XXIII., kurz vor seinem Tod, habe ich begriffen, daß sein prophetischer Dienst abgelehnt und dadurch eine Stunde des Ökumenismus verfehlt worden war. Er hatte der gegenreformatorischen Situation ein Ende gemacht, indem er beispielsweise vor aller Öffentlichkeit erklärte: „Wir wollen keinen historischen Prozeß aufrollen, wir wollen nicht erforschen, wer unrecht hatte und wer im Recht war." Er war ein großes Wagnis eingegangen. Gegen die Meinung vieler hatte er nicht gezögert, zum Zweiten Vatikanischen Konzil auch Nichtkatholiken einzuladen. Er hatte für das Vergangene um Verzeihung gebeten. Er war bereit, sehr weit zu gehen. Ich verstand seinen Schmerz darüber, daß er von seiten der Nichtkatholiken keine andere Antwort erhielt als einige liebenswürdige Worte. Bei diesem letzten Gespräch mit ihm wurde mir klar, daß man einen Propheten abgelehnt und die Ohren für seine Botschaft verschlossen hatte.

Dadurch verrannte sich die ökumenische Bewegung in einen Parallelismus, die Konfessionen verfolgten weiter ihre getrennten Wege, es ist friedliche Koexistenz, nicht mehr.

Wenn jede Ortsgemeinde einen Hirten braucht, um die Gemeinschaft unter denen zu fördern, die stets dazu neigen, ihre eigenen Wege zu gehen, wie können wir auf eine sichtbare Gemeinschaft aller Christen auf der Erde hoffen, wenn es keinen Hirten für alle gibt? Nicht an der Spitze einer Pyramide, nicht als Haupt (das Haupt der Kirche ist Christus), sondern in der Mitte.

Wird uns der Bischof von Rom als Hirte aller mitnehmen auf den Weg zu einer Kirche der Gemeinschaft, die nicht auf wirtschaftliche oder politische Mächte baut? Wenn ja, dann wird er, von seiner Ortsgemeinde getragen, wesentlich zur Entstehung einer Gemeinschaft unter allen beitragen können.

Was anders erwarten wir von diesem Hirten, der berufen ist, ein armer Bischof zu sein, als daß er jeder Generation die Quellen des Glaubens neu zugänglich macht und daß er mit sparsamen Worten die Christen wie auch viele Menschen jenseits der Grenzen der Kirche aufruft, gegen Unterdrückung und Ungerechtigkeit zu kämpfen?

Gewiß hat der Bischof von Rom eine ungeheure Last der Geschichte zu tragen, so daß das Besondere seiner Sendung vorerst nur undeutlich erkennbar wird. Er ist heute aufgerufen, sich von den lokalen Pressionen frei zu machen, um so universal wie möglich zu sein, um prophetische Einsichten frei verkünden zu können, um auch für einen ökumenischen Dienst frei zu sein, der die Gemeinschaft unter allen Kirchen vorantreibt, indem er sich selbst an diejenigen wendet, die sein Dienstamt ablehnen.

Läßt sich die Aufgabe des „Dieners der Diener Gottes" – nicht nur den Katholiken, sondern auch den Nichtkatholiken gegenüber – nicht mit dem einen Wort umschreiben: seine Brüder stärken, damit sie aus einem Glauben, aus einem Denken leben? „Petrus, stärke deine Brüder!"

Vielleicht habe ich mit diesen Zeilen jemanden verletzt, vielleicht einen Stein um seinen Hals gehängt? Dann möge er den Stein, der ihm zu schwer ist, mir selbst zu tragen geben. Nicht daß ich behaupte, ihn tragen zu können, aber ich will es wenigstens versuchen.

Angesichts der Dringlichkeit, das Evangelium mitten in der Menschheitsfamilie zu leben, sind wir uns darüber im Klaren, daß unsere kleine Communauté und die weiten Horizonte, wie sie sich am Vorabend eines neuen Jahrtausends auftun, in keinem Verhältnis zueinander stehen.

Wer bist du, kleine Communauté? Ein wirkungsvolles Werkzeug?

Nein. Niemals. Sei es noch so bedeutend.

Etwa ein Zusammenschluß von Männern, um zur Verwirklichung eigener Vorhaben gemeinsam als Menschen stärker zu sein?

Ebensowenig.

Führen wir etwa ein gemeinsames Leben, um uns zusammen wohlzufühlen?

Nein, die Communauté hätte damit ihren Zweck in sich selbst und so würde es möglich, sich in ihr kleine Nester zu bauen. Zusammen glücklich sein? Ja gewiß, aber in der opfernden Hingabe unseres Lebens.

Wer bist du, kleine, auf verschiedene Orte der Welt verteilte Communauté?

Ein Gleichnis der Gemeinschaft, ein einfacher Widerschein jener einzigartigen Gemeinschaft, die der Leib Christi, seine Kirche, ist, und dadurch auch ein Ferment in der Menschheitsfamilie.

Wozu bist du berufen?

In unserem gemeinsamen Leben können wir nur vorankommen, wenn wir stets neu das Wunder der Liebe entdecken, im täglichen Verzeihen, im Vertrauen des Herzens, im Blick voll Frieden, den wir auf jene richten, die uns anvertraut sind ... Sich vom Wunder der Liebe entfernen, und alles geht verloren, alles verfliegt. Kleine Communauté, was ist es wohl, das Gott für dich ersehnt?

Lebendig gemacht zu werden durch die Annäherung an die Heiligkeit Christi.

In Taizé wie in den Fraternitäten hat jeder Bruder am selben Gleichnis der Gemeinschaft teil, mehr durch die Beharrlichkeit seines Wesens als seines Handelns, mehr durch das, was er ist, als was er tut. Die kleinen tagtäglichen Treueerweise rüsten und stützen so eine lebenslange Stetigkeit in den wesentlichen Dingen.

Auf unserem Weg sehen wir uns ständig veranlaßt, Risiken einzugehen. Unsere Berufung setzt uns schutzlos aus. Dennoch zweifelte ich niemals an der Kontinuität der Communauté. Sie wird durchhalten. Unter Anfechtungen, gewiß, doch sie wird sie durchqueren.

Wir sind Männer, die langes Reifen nötig haben, Männer, die wesenstief von einer ständigen Neugeburt in Gott hart mitgenommen werden. Tagtäglich vorwärts gehen, selbst wenn es in unseren Augen nicht so erscheint.

Gemeinsam wird uns bewußt: Gott läßt es ebenso an den dunklen Stellen wie in den einleuchtendsten Bestrebungen eines Menschen keimen.

Tagtäglich vorwärtsgehen, selbst wenn das Wesentliche sich unseren Augen nicht zeigt.

Mit unerschütterlicher Entschlossenheit nach Versöhnungsgelegenheiten unter Christen suchen: heißt das nicht wie zu einem lebendigen Stein werden, den Wogen von Begeisterung und von Skepsis umspülen?

Es kann zur Verlockung werden, sich von der ökumenischen Berufung zur Versöhnung der Christen abzukehren, um uns nur noch an die Brennpunkte der heutigen Welt zu stellen: manchmal finden sich bei Nichtglaubenden so klare Einsichten, ein hellwacher Sinn für das Menschliche und Wohlwollen. Unter ihnen atmeten wir bisweilen freier als in manchem eingekapselten christlichen Milieu.

Wie sollte die Communauté erstaunt sein, aufgrund ihrer Berufung zur Versöhnung in der Kirche zu leiden? Doch bleibt ihr immer der Weg der Einfachheit, der Weg der Seligpreisungen offen.

Wäre unsere – dem Wesen nach monastische (wenn dieser geschichtlich stark belastete Begriff auch nicht unbesehen verwendet werden kann) – Communauté nicht tief im Leib Christi, der Kirche, verwurzelt, käme es dazu, daß sie sich selbst genügt, so würde sie ihre eigene Berufung, nämlich der Liebe zur Gemeinschaft Gestalt zu geben, mit Füßen treten.

Wer Christus nachfolgt, wer die Kühnheit zu einem Ja hat, entscheidet sich zu lieben. Selbst wenn Unbegreifliches geschieht: er fügt sich darein, sich nicht in sicherer Entfernung zu halten. Auf Distanz gehen hieße vielleicht weniger leiden. Doch bedeutet es in jedem Fall, sich selbst beschützen und es anderen überlassen, sich schutzlos auszusetzen.

Ewige Frage seit zwanzig Jahrhunderten, seit den Anfängen der Kirche: warum führt eine Beziehung zu Christus, für sich genommen und ohne die Gemeinschaft in seinem Leib, die Kirche, den Glaubenden dazu, sich allein oder zu mehreren abzukapseln, in individualistisches Gebaren einzubinden?

Anhand seines eigenen Lebens läßt Christus eine Antwort durchscheinen: Heiligkeit ist ihr Name. Er ist für alle, nicht für einige Privilegierte gekommen.

Wer sich der Heiligkeit Christi in der einzigartigen Gemeinschaft, die sein Leib, die Kirche, ist, nähert, wird unwiderstehlich dazu geführt, wie ein Armer Gottes nach Lauterkeit, einem Gesicht des Kindseins, einem universalen Herzen zu suchen.

Er wird zum Ferment der Versöhnung, und ohne Versöhnung kann man heute auf kein weitreichendes Erwachen der Christen hoffen.

Wenn das Fest unter den Menschen aufhörte ...

Wenn wir eines Morgens in einer gut organisierten, funktionellen, satten Gesellschaft, die aber bar jeder Spontaneität wäre, erwachten ...

Wenn das Gebet der Christen ganz und gar Sache des Verstandes würde, wenn es so sehr säkularisiert würde, daß es keinen Sinn für das Mysterium, für die Poesie mehr kennen würde, so daß für das Beten mit dem Leib, für Intuition, für das Gemüt kein Platz mehr vorhanden wäre ...

Wenn das gedrückte Bewußtsein der Christen eine Seligkeit ablehnte, die der anbietet, der auf dem Berg der Seligpreisungen siebenmal sagt: Selig sind ...

Wenn die Menschen der nördlichen Welthälfte erschöpft von all den Anstrengungen die Quelle aus den Augen verlören, aus der sie den Geist des Festes schöpfen, das noch unter den Menschen der südlichen Welthälfte lebendig ist ...

Wenn das Fest im Leib Christi, der Kirche, verstummte, wo gäbe es dann noch auf der Welt einen Ort der Gemeinschaft für alle Menschen?

Ich spüre diesen Hunger nach Gemeinschaft, der in jeder Generation der gleiche ist, der stark, bis zur Angst, bei den Jugendlichen ausgeprägt ist, die zu uns auf den Hügel heraufkommen:

Hunger nach Gemeinschaft mit den Menschen in ihren Kämpfen und Sehnsüchten. Und das in einer Zeit, in der wir erleben, daß Menschen einander nicht mehr vertrauen können.

Hunger nach Gemeinschaft mit Christus. Für viele Jugendliche ist es eine starke Realität, vor Gott zu stehen, ob sie nun zu einem Dialog von Angesicht zu Angesicht fähig sind oder nicht.

Wenn das Fest in mir verstummte, hätte ich dann noch die Kraft, immer wieder von neuem nach Gemeinschaft mit den neuen Generationen zu suchen?

Ich weiß es, denn ich erlebe es: Der erste Kontakt mit den Jugendlichen ist manchmal mühselig. Sie hegen zunächst Vorbehalte denen gegenüber, die die Last der Autorität tragen. Ihre erste Frage ist nicht selten schroff. Sie wollen bei diesem Mann, der da vor ihnen steht mit seinen Lebensjahren, seiner Vergangenheit, seinem weißen Gewand und dem Kreuz Christi darauf, erst einmal „die Temperatur messen". Dem kann man nicht entfliehen, man muß zuhören, damit Vertrauen sichtbar wird. Ein Blick trifft mich. Um darauf aus meinem Innersten heraus zu antworten, suche ich nach einem Wort, nach einem Bild. Wahrscheinlich noch am meisten überrascht und am eindringlichsten befragt bin ich selbst, der ich dieses Wort ausspreche.

Sonntag für Sonntag nach der Eucharistie versuche ich, auf die Fragen Antwort zu geben, die am Vorabend von den jungen Menschen formuliert worden sind. Oft genug sehe ich mich veranlaßt, ihnen zu sagen: Ich kann euch nur ein Stück zu einer Antwort geben, so etwas wie einen inneren Dialog, den ich laut vor euch führe. Es liegt an euch, ihn in euch fortzusetzen.

Wie soll man sich verständlich machen angesichts einer solchen Vielfalt und Verschiedenheit der Mentalitäten und der nationalen Herkunft? Es gibt Tage, an denen ich kaum weiß, wohin ich meinen Fuß setzen soll: Unter den Anwesenden sind manche, die nach Taizé gekommen sind, um es ein letztes Mal mit der Kirche zu versuchen. Werden meine Worte sie endgültig zurückstoßen, so daß keine Hoffnung bleibt? Doch wenn das Fest aufhörte …

VON INNEN HER NEU BELEBEN

Wie oft kehrt in den täglichen Zwiegesprächen mit Jugendlichen verschiedener Länder dieselbe Frage wieder: „Warum lieben Sie die Kirche, ihre Strukturen tun uns so weh?"

Müßte, wer manchmal an ihr leidet, die Kirche fliehen? Doch führt diese Flucht vor dem Leib Christi nicht zugleich dazu, den Auferstandenen am Straßenrand liegen zu lassen? Sich mit unendlichem Mut im Inneren halten: ist dies nicht der Weg, um verhärtete Strukturen umzugestalten?

Ein Christ des ersten Jahrhunderts hatte begriffen, daß die Gemeinschaft im Leib Christi eine fundamentale, im letzten alles mit sich ziehende Wirklichkeit ist. „Die Wirklichkeit ist der Leib Christi", schreibt Paulus an die Kolosser, „... und niemand soll euch davon abbringen."

Warum geht unsere Liebe zu dieser Gemeinschaft so weit? Wenn sie Ausstrahlungskraft besitzt, macht sie nichts weniger als das Angesicht Christi sichtbar. Nicht nur für die Glaubenden, sondern für alle Menschen ist sie da. Sie bringt die Güte und den Geist der Barmherzigkeit hervor. Nicht nur die Hoffnung Christi, sondern auch die menschenmögliche Hoffnung wird durch sie entfacht.

In den letzten Jahren entstanden in den zeitgenössischen, immer anonymeren Gesellschaften vielfältige kleine Gruppen von Christen. Sie sind wie ein Gegengift gegen eine säkularisierte Welt. Mit einer Frische des Evangeliums wird ein Graben zwischen dem Glauben und dem Leben geschlossen. Formen des Engagements in einer sich rasch verändernden Welt werden dabei entdeckt.

Diesen kleinen Gemeinschaften haftet aufgrund ihrer provisorischen Lebensdauer eine große Zerbrechlichkeit an. Um zu überdauern, verwandelten sich manche unter ihnen in exklusive Kreise mit Optionen, die diese nach allen Seiten hin abschotten. Man läßt sich in jede erstbeste, wenn auch noch so esoterische Form gießen, sofern man sich nur zu einigen wenigen wohlfühlt. Was wird aus der Gemeinschaft im Leib Christi, wenn sich die Christen bis zur Atomisierung aufsplittern?

Anderseits wecken die großen Gemeinschaften, die man „Kirchengemeinden" nennt, nicht unbedingt Begeisterung. Wenn man die Kontinente durchquert, kommt man nicht umhin, festzustellen, daß die Gesamtheit der Christen zum Gebet für gewöhnlich in diesen großen Gemeinschaften am Ort zusammenkommt. Doch insbesondere die Jugendlichen fühlen sich dort unbehaglich, wenn ihr Verlangen nicht erkannt wird und sie keine Möglichkeit finden, dort ihre Energien einzusetzen. Sie langweilen sich in den Kirchen, und Langeweile ist ein inneres Leiden.

Sollten wir nicht in einer Geburts- und Reifezeit des gemeinsamen Gebets sein? Wenn in den Kirchen das Übermaß an Worten eine Quelle von Ermüdung ist, wird man bald darangehen, dort vor allem mit Singen zu beten.

Wenn Jugendliche wenigstens jede Woche zur sonntäglichen Eucharistiefeier dazukommen und sie durch betendes Singen verlängern könnten, würden sie bereits einen Raum der Anbetung schaffen.

DAS KINDSEIN DER KIRCHE

Von den Wirklichkeiten des Reiches Gottes sagt Christus, daß nur der sie versteht, der sie mit dem Herzen eines Kindes aufnimmt.

Gott macht sich den ganz einfachen Herzen zugänglich, die in sein Vertrauen eintauchen. Haben Erwachsene oder alte Menschen die Seele eines Kindes, sind sie imstande, auf das Kindsein der Kirche zu achten.

Ein Kindsein der Kirche im Heute: sich nicht mit nostalgischer Sehnsucht nach der Kirche der ersten Zeit aufhalten, sondern in der derzeitigen Kirche den Geist des Kindseins wecken. Er ist vor allem Einfachheit. Er ist auch Vertrauen, das aus dem Herzen kommt, bewunderndes Staunen. Durch ihn verflüchtigen sich geschicktes Manövrieren und Bloßstellungen. Jede verwaltungsmäßige Beziehung verwandelt sich in ein vom Gemeinschaftssinn geprägtes Vorgehen. Der Geist des Kindseins manipuliert und vereinnahmt niemanden. Und selbst wenn Prüfungen sie niederdrücken, läßt sich die Kirche nicht mehr in Traurigkeit und Resignation einschließen.

Nicht Resignation, sondern Vertrauen. Nicht Starre, sondern wie ein inneres Sich-Loslassen: sich dem lebendigen Christus, seinem Heiligen Geist vollkommen hingeben.

Das Vertrauen, das aus dem Herzen kommt, kann von Unverständnis erschüttert werden; es entfaltet sich in unablässigen Neugeburten.

Das Kindsein hat zwar keinen Alleinanspruch auf Vertrauen, doch liegt in ihm ein Anteil an Unschuld, der verletzt worden ist und das ganze Leben prägt. Alles wurde wie in eine noch weiche Wachstafel eingeritzt.

Für Gott ist der Mensch geheiligt, geweiht durch die in

seiner Kindheit unschuldig erlittenen Wunden. Schöpft nicht gerade aus ihnen der Mensch Kräfte, um zu schaffen und zu lieben? Gilt dies nicht im selben Maße für die Gemeinschaft, die die Kirche ist?

Im Erwachsenenalter glaubt man manchmal, ernsthaft zu erscheinen, wenn man die Ereignisse pessimistisch beurteilt. Man entledigt sich des Staunens. Wie kann man noch mit den Wirklichkeiten des Evangeliums in Einklang bleiben?

Der Geist des Kindseins ist ein lauterer Blick. Er ist nicht grob vereinfachend, sondern auch kristallklar. Die verschiedenen Seiten einer Situation, die Vorzüge wie auch die Kehrseiten sind ihm nicht fremd. Er hat nichts Kindisches an sich. Er ist von Reife durchdrungen. Er erfordert unendlichen Mut.

Der Geist des Kindseins läßt sich von verhärteten Kirchenstrukturen nicht aufhalten. Er sucht sich durch sie hindurchzuwinden, wie es im ersten Frühling ein Wasserrinnsal fertigbringt, sich einen Weg durch die vereiste Erde zu bahnen.

IN JEDEM EINE UNERSETZLICHE GABE

Wie jeder ohne Ausnahme, hatte es Jesus nötig, daß ein Mensch zu ihm sagte: „Du weißt, daß ich dich liebe."

Dreimal hat er vor Petrus darauf beharrt: „Liebst du mich?" Als Petrus ihm das zugesichert hatte, vertraute Jesus ihm die Kirche an: „Nimm dich meiner Schafe an."

Christus lieben, heißt sogleich von ihm einen mehr oder weniger großen Anteil an pastoraler Gabe erhalten. Jedem vertraut Gott einen oder mehrere Menschen an.

So klein diese pastorale Gabe auch sein mag, sie ist eine Quelle, aus der man Einfallsreichtum schöpfen kann, um anderen Christus weiterzugeben, und es Christus zu ermöglichen, seinen Pilgerweg in der ganzen Menschheitsfamilie zu gehen.

Selbst die Kinder reichen, ohne es zu wissen, ein Bild des lebendigen Gottes weiter.

Diese pastorale Gabe ausüben, heißt zu allererst zuhören. Im anderen heraushören, was ihm an sich selbst weh tut. Zu begreifen suchen, was sich unter dem Herzen des anderen verbirgt, bis er, selbst in einer von Anfechtungen durchpflügten Erde, die Hoffnung auf Gott oder doch zumindest menschenmögliche Hoffnung wahrnimmt.

Und oft geschieht es, daß der, der zuhört, der einen anderen begleitet, selbst zum Wesentlichen geführt wird, ohne daß sein Gegenüber darum wüßte.

Alt werden. Die Einfühlungsgabe ein ganzes Leben des Zuhörens lang ausüben. Und schließlich fast ohne Worte begreifen, wer da gekommen ist, um sich anzuvertrauen.

Zuhören kann eine mystische Sicht des Menschen zeitigen, jenes Wesen, das gleichzeitig von Zerbrechlichkeit und Herrlichkeit, von Abgrund und Erfülltsein bewohnt ist.

Jeder hat ein Stück weit ein pastorales Herz. In jedem Menschen liegen einzigartige Gaben. Warum so tief an diesen Gaben zweifeln? Warum sich mit den anderen vergleichen, ihre Gaben haben wollen und so weit gehen, die eigenen Gaben zu versenken?

Das Zeitalter der Technik verstärkt heute ein geschärftes Empfinden für Erfolg und Mißerfolg. Von Kindheit an wird die Lust am Karrierestreben und Leistungsvergleich eingeflüstert. Wer nach den gesellschaftlichen Normen nicht zum Erfolg kommt, fühlt sich verurteilt und trauert den Gaben des anderen nach.

Leistungsvergleiche sterilisieren. Der Wunsch, die Fähigkeiten des anderen zu haben, führt mehr und mehr zur Unfähigkeit, seine eigenen Gaben zu entdecken. Selbstabwertung läßt unverzüglich Traurigkeit und Mutlosigkeit aufkommen.

Das Selbstwertgefühl verlieren, wo doch der Geist des Lebens in jeden Gaben ausgießt? Der Verlust des Selbstwertgefühls erstickt den Menschen, er bindet seine Kräfte, er nimmt ihm selbst noch seine Schaffenskraft.

Darauf mit Selbstüberschätzung zu antworten, indem man beispielsweise gesellschaftliches Ansehen erstrebt, führt zu keinerlei Ausweg. Sich selbst überschätzen, unter sozialem Druck oder aufgrund von Beurteilungen aus der nächsten Umgebung, indem man seine Gaben künstlich aufbläht, hieße das Bild einer Pflanze abgeben, die in einem Treibhaus überzüchtet wird.

Ein Weg des Evangeliums, auf dem man dem Blick Christi begegnet, trägt den Namen: Einwilligen. In seine eigenen Grenzen einwilligen, die der eigenen Intelligenz, des eigenen Glaubens, der eigenen Fähigkeiten. Auch in seine eigenen Gaben einwilligen. So wird Großes geschaffen.

DIE FREUDE GOTTES AUF DER
MENSCHEN ERDE

Zahlreiche Christen suchen heute, zusammen mit Nichtglaubenden, nach Wegen, das Leiden auf der Erde zu ver-
ringern. Zahlreiche Menschen setzen das Beste ihrer
schöpferischen Gaben ein, wo es Verlassenheit, Krankhei-
ten, Hunger, Elendsbehausungen gibt. Sie verstehen den
Ruf der Völker, die „im Dunkel und im Schatten des To-
des" leben. Sie sind Ferment des Vertrauens und des Friedens, um aus der Spirale des Hasses und der Angst
zwischen einzelnen wie unter Völkern auszubrechen. Das
ist wesentlich.

Wären die Christen indessen lediglich Träger eines mo-
ralischen oder sozialen Zeugnisses, können Menschen,
die nicht glauben, sich sagen: Ihr bietet nichts, was sich so
besonders von dem, was ich tue, unterscheidet.

In den säkularisierten Gesellschaften sind die Christen
berufen, sich dort anzusiedeln, wo die Ewigkeit Gottes
auf die Gemeinschaft der Menschen trifft und dafür Zeichen zu setzen.

Aus der tiefen Nacht der Menschheit erhebt sich ein geheimes Sehnen. Eingespannt in die anonymen Rhythmen
von Programmen und Zeitabläufen, dürsten die Männer
und Frauen unserer Zeit unausgesprochen nach einer wesentlichen Wirklichkeit: nach einem inneren Leben, nach
Zeichen des Unsichtbaren.

Wo das gemeinsame Gebet die Freude des Himmels auf
der Erde ahnen läßt, eilt man von überall herbei, um auf-
zugreifen, was einem ahnungslos entgangen war.

Nichts führt so tief in die Gemeinschaft des lebendigen
Gottes als ein weit ausladendes gemeinsames Gebet, me-
ditativ und jedem Alter zugänglich. Ein Gebet, das seinen

Höhepunkt in Gesängen findet, die kein Ende nehmen und in einem weiterklingen, wenn man wieder allein ist. Die Winde können wehen, verdorren lassen, was auf ihrem Weg liegt, die Wüsten ausdehnen ... der ungestillte Durst findet Erquickung.

Wird das Geheimnis Gottes in der schlichten Schönheit von Symbolen wahrnehmbar gemacht, wird es nicht unter einem Wortschwall erstickt, so erschließt ein weit ausladendes gemeinsames Gebet, anstatt Eintönigkeit und Langeweile zu verbreiten, die Freude Gottes auf der Erde der Menschen.

Und daß alle Generationen, von den Ältesten bis zu den Kindern, vertreten sind, ist sprechendes Symbol, läßt erahnen, daß es nur eine Menschheit gibt.

Nahezu vier Jahrhunderte nach Christus schrieb Johannes Chrysostomus: Es gibt Christen, „die aus ihrer Wohnung eine Kirche machen, indem sie jedermann zum Glauben führen und ihr Haus allen Fremden öffnen." Anderswo sagt er: „Aus der eigenen Wohnung eine Kirche zu machen, ist ein mutiger Schritt."

Eine Wohnung, so winzig sie sein mag, kann ein Ort ungetrübter Freude sein, an dem man andere aufnehmen, bis zu den Quellen des Glaubens begleiten kann.

Jemand kommt. Warum ihn nicht in eine fürs Gebet hergerichtete Zimmerecke führen, wie bei den Christen im Osten?

Ja, jede Wohnung, auch die von Alleinstehenden, kann eine Art kleine Hauskirche sein: wenn die Gesellschaften verweltlichen, läßt sie durch einige einfache Symbole, die an die Gegenwart Gottes erinnern, das Unsichtbare sehen.

Damit der Mensch nicht zum Opfer des Menschen wird

Wer nach der „Bergpredigt" zu leben trachtet, möchte den Armen zum Gefährten werden.

Doch wo sind die Armen? Überall auf der Erde.

An vielen Orten der Welt, wie in Kalkutta, gibt es sichtbare Sterbehäuser ... In den westlichen Gesellschaften befinden sich zahlreiche Jugendliche in wahren unsichtbaren Sterbehäusern. Äußerlich gleichen sie allen anderen, sie studieren, sie erlernen einen Beruf, sie arbeiten, doch wissen sie nicht, wo sie ihre Wurzeln einsenken können.

Manche Menschen wurden von Verlassenheit gebrandmarkt, durch zerbrochene Beziehungen, zerrissene Familienverhältnisse bis in die Tiefe verletzt. Sie wissen nicht mehr, wozu sie auf der Welt sind, sie fragen sich, ob das Leben noch einen Sinn hat. Auch sie gehören zu den Armen der Erde.

Über das Gleichnis vom verlorenen Sohn sagte ein Jugendlicher in New York: „In meiner Familie ist nicht der Sohn weggegangen – uns hat der Vater verlassen."

Es gibt Eltern, die ihre Kinder zwar materiell versorgen, aber überhaupt nicht an deren Leben teilnehmen.

Das Herz vieler Jugendlicher und weniger jungen Menschen stirbt vor Verlassenheit ab.

Ja, menschliche Verlassenheit ist das stärkste Trauma, die tiefste Wunde unserer Zeit.

Bruch zwischen den Generationen. Zerrüttete Verhältnisse. Im Westen gibt es alte Menschen, die, materiell völlig versorgt, ihr Leben in Vereinsamung beenden, als bliebe ihnen nur das Warten auf den Tod.

Viele betagte Frauen und Männer halten sich für Versager, glauben nichts fertiggebracht zu haben. Dabei sind sie imstande, urteilsfrei zuzuhören, alles von den andern zu begreifen.

Sie wissen zu lieben und zu leiden. In ihnen lauteres Vertrauen. Wer wird ihre abgearbeiteten Hände küssen, zum Dank, daß sie Wege gebahnt haben?

In jedem Alter vertraut einem Gott einen oder mehrere Menschen an, sie anzuhören und bis zu den Quellen des lebendigen Gottes zu begleiten.

Solche Quellen sind von Gott, niemand kann sie schaffen. Wer sie schaffen wollte, würde andere nicht zu Gott führen, sondern an sich ziehen. Eine solche Haltung ist imstande, alles zu verwirren. Für das Evangelium gibt es keine Meister geistlichen Lebens.

Wer andere zu den Quellen begleitet, dem wird dies zum brennenden Wort: Was ihr einem dieser Kleinsten tut, die meine Brüder sind, das tut ihr mir, Christus.

RISIKEN FÜR DEN WELTFRIEDEN
EINGEHEN

Überall auf der Welt sind Tausende und Abertausende von Jugendlichen, denen das Gebet vertraut ist, willens, ihre Fähigkeiten für ein großzügig angelegtes Projekt einzusetzen. Unterschwellig lebt in ihnen ein Sinn für das Universale, ein leidenschaftliches Verlangen nach Solidaritäsbezeugungen mit der ganzen Menschheitsfamilie, oft mit den hilflosesten Menschen. Sobald ihnen dazu Möglichkeiten geboten werden, eilen sie von überall herbei. Fehlen diese jedoch, stolpern manche in nagende Mutlosigkeit, diese recht eigentliche Versuchung von heute.

Diesen Jugendlichen erscheint die Zukunft verbaut. Sie haben den Eindruck, daß die ältere Generation zwar bereit ist, sie materiell auszustatten (Taschengeld, Lohn, Arbeitslosenunterstützung), es ihnen jedoch verwehrt, am Aufbau der Gesellschaft teilzunehmen. Da sie so wenig an den Grundentscheidungen teilhaben, die im Hinblick auf die Weiterentwicklung der Gesellschaften und des Friedens wie auch auf den Aufbau der Kirche gefällt werden, ziehen sie sich auf sich selbst zurück. Ihre Fähigkeiten erschöpfen sich in unabschüttelbarer Langeweile.

Jugendliche aller Länder der Erde verlangen leidenschaftlich danach, den Frieden aufzubauen. Sie sind darauf vorbereitet, Seite an Seite zu stehen als Ferment des Friedens, bis hinein in die Risse der Menschheitsfamilie, im Osten wie im Westen, im Norden wie im Süden.

Wissen sie es zur Genüge? Diese Jugendlichen haben alles, was notwendig ist, um die Eigengesetzlichkeit von Haß, Krieg und Gewalt umzustürzen, um allen neu Mut zu machen, die spitzfindigem und unbestimmtem Zweifel ausgesetzt waren, um statt lähmender Lustlosigkeit menschenmögliche Hoffnung zu verbreiten.

––––––––––

In einer Epoche, in der man sich der Menschenrechte ausgeprägter denn je zuvor bewußt wird, herrscht dennoch allenthalben auf der Erde das Gesetz des Stärkeren. Die Menschheit ist Gewalt, Kriegslärm und bewaffneten Konflikten ausgesetzt.

Im Evangelium trägt der Frieden den ernsten Namen Versöhnung. Dieser Name nimmt in die Pflicht und führt sehr weit. Sich versöhnen heißt, eine neue Beziehung aufnehmen, es ist ein Frühling in unserem Menschsein. Was zwischen Personen gilt, trifft auch zwischen Nationen zu. Welcher Frühling wäre eine Versöhnung der Völker, insbesondere zwischen Ost und West!

Eine ganze junge Menschheit erwartet auf den beiden Erdhälften, daß sich die Grenzzäune zwischen den Völkern senken, und scheut sich nicht, für den Weltfrieden Risiken einzugehen. Einige Dominanten charakterisieren sie:

Jugendliche, die den Frieden suchen, weigern sich, für unantastbar gehaltene egoistische Ansprüche zu vertreten, gleich ob sie von einem Kontinent oder einer Nation, einer Rasse oder einer Generation erhoben werden.

Es ist ihnen bewußt, daß als allererste der Bedingungen des Weltfriedens eine gerechte Neuverteilung der Güter unter allen ansteht. Die ungleiche Verteilung des Reichtums, noch dazu, wenn er in den Händen von Christen ist, ist eine in die Gesamtheit der Menschheitsgemeinschaft geschlagene Wunde. Viele fragen sich, wie es kommt, daß die Christen, denen es oft gelingt, die geistigen Güter miteinander zu teilen, es im allgemeinen in ihrer Geschichte so wenig geschafft haben, auch die materiellen Güter zu teilen.

Unter denen, die nach größerer Gerechtigkeit suchen, gibt es zwei verschiedene Grundeinstellungen. Sie ergänzen sich. Die einen neigen eher dazu, alle ihre Kräfte aufzubieten, um den Opfern von Ungerechtigkeit unverzüglich zu Hilfe zu kommen. Anderen liegt vor allem daran, auf die Ursachen einzuwirken, auf die Strukturen, die die Ungerechtigkeit aufrechterhalten.

Jugendliche, die nach Frieden suchen, wissen auch, daß einzig ein Vertrauen, das allen Völkern und nicht nur einigen wenigen in gleichem Maße entgegengebracht wird, zu einer Heilung deren Risse führen kann. Deshalb ist es sehr wichtig, niemals die Angehörigen eines Volkes zu demütigen, dessen Regierung unmenschlich vorgegangen ist. Auch für die vielen, vielen Männer und Frauen, die heute als Exilanten oder Ausgewanderte in einem fremden Land leben, ist äußerste Aufgeschlossenheit und Zuvorkommenheit geboten: würde sich jede Wohnung für einen Menschen anderen Ursprungs öffnen, wäre die Rassenfrage zum Teil gelöst.

———

Um die materiellen Güter zwischen Nord und Süd umzuverteilen und die Sprünge zwischen Ost und West zu kitten, ist Aufrichtigkeit vonnöten. Wer könnte, Politiker oder nicht, zum Frieden aufrufen, ohne ihn in sich selbst zu verwirklichen? „Sei aufrichtig im Herzen und mutig", schrieb bereits Jesus Sirach vor zweiundzwanzig Jahrhunderten.

In der ernsten Lage unserer Zeit sind viele willens und imstande, durch ihr Leben Vorboten des Vertrauens unter den Völkern zu sein. Sie suchen in Gott die Durchhaltekraft, sie setzen alle ihre inneren und geistlichen Kräfte ein, um den Frieden und die Versöhnung nicht oberflächlich, sondern tiefreichend vorwegzunehmen. Sie wissen, daß sie nicht dazu gerufen sind, mit wirkmächtigen Waffen, sondern mit einem befriedeten Herzen zu kämpfen. Sie weigern sich, als Parteigänger Stellung zu beziehen.

Der Frieden beginnt in einem selbst. Doch wie kann man jene lieben, die die Schwachen und Armen unterdrücken? Und mehr noch: wie kann man einen Gegner lieben, wenn er sich auf Christus beruft? Gott schenkt es, selbst für die Hassenden zu beten. Gott wird zusammen mit den Unschuldigen verwundet.

„Liebt euere Feinde, tut denen Gutes, die euch hassen, betet für die, die euch verleumden": um diese Worte des Evangeliums zu begreifen, ist es nötig, eine Reife zu erlangen und auch innere Wüsten durchquert zu haben.

In jenem unterschwelligen Ozean im Menschen verbleibt eine Erwartung. Tag und Nacht erhält sie zur Antwort: Frieden.

BRENNENDER EINSATZ FÜR
GERECHTIGKEIT

Die untragbaren Privilegien eines Teils der Menschheit rütteln gerade die Aufgeschlossensten unter den Jugendlichen wach. Viele auf der südlichen Halbkugel haben ein äußerst geschärftes Bewußtsein und stehen der nördlichen Halbkugel in harter Ablehnung gegenüber. Andererseits werden die Kinder auf der nördlichen Halbkugel um so gereizter, je mehr Wohlstand ihnen ihre Eltern bieten, sie treten auf der Stelle und verlieren die Nerven.

Wir sind wie von eisernen Reifen umschlossen. Die zunehmende materielle Sicherheit beschleunigt diese Selbstabkapselung der Konsumgesellschaft auf der nördlichen Halbkugel, die Tag um Tag reicher wird. Wir gehen einer immer krasser werdenden Unausgeglichenheit entgegen: Die Kontinente des Nordens sind von materiellem Reichtum überschwemmt und bringen ein wirtschaftliches und kulturelles System hervor, das die südlichen Kontinente in einem Zustand der Abhängigkeit hält.

Wenn man in der heutigen Zeit ein Engagement für die Menschen ablehnt, um einzig ein vertrautes Verhältnis zu Christus zu pflegen, führt das zu einer falschen Innerlichkeit.

Wie kann man sagen „Herr, Herr!", ohne den Willen Gottes zu tun? Gottes Wille ist das Engagement für die Menschen, die Opfer des Menschen sind. Während des Zweiten Weltkrieges beteten in Europa viele Christen, ohne zu merken, was um sie herum vor sich ging, vor allem in den Vernichtungslagern.

Wenn wir schweigen, weil wir nichts riskieren wollen, können wir heute ebenso wie gestern politische Systeme unterstützen, bewußt oder unbewußt. Das Schweigen der

Kirche angesichts gewisser Tragödien kam manchmal fast einer ausdrücklichen politischen Stellungnahme gleich und einer Billigung der Unterdrückung.

Wenn aber manche Christen als Reaktion gegen eine falsche Innerlichkeit oder gegen das Schweigen der Kirche extremste politische Stellungen beziehen und ihre Positionen bloß nachträglich mit dem Namen Jesus zieren, so nehmen sie damit letztlich Christus für ihre Zwecke in Beschlag.

Der Christ dürfte nicht den Karren vor die Ochsen spannen. Wie kann man im Kampf an der Seite der unterdrückten Menschen sein ganzes Leben einsetzen und das Risiko wagen, es um der Liebe willen zu verlieren, wenn man nicht unaufhörlich aus den christlichen Quellen schöpft und trinkt? Nur so kommt die Schöpferkraft Gottes im Menschen zur Wirkung. Wenn er sich auf ein inneres Abenteuer mit dem Auferstandenen einläßt, Schritt für Schritt, in einem brennenden Kampf für die Gerechtigkeit, dann nimmt er teil am Marsch des Menschen und der Menschheit, die als Ziel die Befreiung von der Unterdrückung hat.

AN EINER MENSCHLICHEN
GESELLSCHAFT MITBAUEN

Man erkennt manche Christen unter anderem an ihrer Fähigkeit, eine neue Art zwischenmenschlicher Beziehungen zu entwickeln. Ihr politischer Einsatz im weitesten Sinne des Wortes besteht nicht im parteiischen Krieg, der den Horizont einengt und bei dem jeder Gefahr läuft, den Interessen eines Klans zu dienen, sondern im Aufbau einer menschlichen Gesellschaft.

Wir alle sind zu gemeinsamem Handeln aufgerufen. Das darf sich nicht nur auf eine begrenzte Umwelt, auf eine örtliche oder auch nationale Gemeinschaft beziehen. Wenn der Christ sich erneut die Bedürfnisse aller Menschen auf Erden bewußt macht, dann wird er sich mehr und mehr gedrängt fühlen, sein Wirken in den Dienst der gesamten Menschheit zu stellen. Darin besteht unsere Berufung zur Katholizität, zur Universalität.

Diesen Vorstoß mittragen bedeutet, sich auf vielfältige und gegensätzliche Interessen einzulassen. Was macht man, um sich nicht auf die eine oder andere Weise einfangen zu lassen? Wie kann man es vermeiden, in einer bodenlosen Wirrnis vielfältiger Leidenschaften zu versinken? Wohin soll man den Fuß setzen, ohne Gefahr zu laufen, ihn nicht wieder zurückziehen zu können? Und doch, wie könnten wir unsere Mitwirkung verweigern?

Es hängt von den Christen selbst ab, ob die neue Gesellschaft mit ihnen oder ohne sie aufgebaut wird. In diesem Punkt aber besteht eine gewaltige Spannung! Manche möchten eine ausschließliche Lösung erzwingen, während doch die verschiedenen Formen des Einsatzes einander ergänzen.

Man wird nur durch ein pluralistisches Vorgehen etwas

erreichen können. Die einen werden berufen sein, eine verborgene Gegenwart mitten im Volk zu leben; bei andern wird es sich im Gegenteil um Leistungen von großer Tragweite handeln; für wieder andere wird die Aufgabe darin bestehen, allmählich einen Plan zur Beseitigung von Tyrannei reifen zu lassen. Das Zusammenwirken aller dieser Berufungen ist Voraussetzung für die Vorbereitung des Friedens unter allen Menschen.

KONTEMPLATION UND
POLITISCHES ENGAGEMENT

Kontemplation gibt einem die Fähigkeit, Tag für Tag Abstand zu nehmen. Im Bereich des politischen Engagements macht sie den Menschen frei von eigennützigen Plänen. Damit wird sie wesentlich für denjenigen, der ein kühnes politisches Engagement auf sich nehmen will. Sie macht ihn fähig, daß er nicht darauf aus ist, seine eigenen Anschauungen durchzusetzen, daß er nicht unbewußt seinen eigenen Erfolg wünscht, sondern nur und einzig einen Dienst.

Im politischen Raum gibt es Leute, die in der Versuchung stehen, Christus für persönliche Ziele zu gebrauchen. Sie müssen sich darüber klarwerden und sich von dieser Versuchung frei machen. Die Kontemplation ermöglicht es uns, all unserer Gedanken bewußt zu werden, sich ihrer nicht zu schämen, sie von Christus her zu ordnen und sich auch darüber Rechenschaft zu geben, ob Christus im politischen Engagement einen Platz hat oder nicht.

Wenn politisches Engagement bedeutet: Engagement des ganzen Lebens für die Menschen und Beteiligung am Bau der Gesellschaft, so ist genau das unsere Absicht seit dem ersten Tage unserer Gemeinschaft.

Zu Beginn, 1940, nahm ich politische Flüchtlinge auf. Und das bedeutete zur damaligen Zeit den stärksten Druck, dem ich jemals ausgesetzt war, denn damals war ich noch allein in Taizé.

Später dann, 1952, als wir eben zwölf Brüder waren, sind einige von uns von Taizé fortgezogen, um im Arbeitermilieu zu leben, im Zentrum des Kampfes um Gerechtigkeit. Und ich kann – heute wie gestern –, wenn ich die

Briefe lese, die ich von den verschiedenen Fraternitäten erhalte, sehr wohl ermessen, wie sehr mehrere meiner Brüder ihr Leben aufs Spiel setzen.

In Taizé selbst bedeutet für einen von uns seit langem das politische Engagement Mitarbeit bei landwirtschaftlichen Genossenschaften und Gewerkschaften.

Aber ich habe immer geglaubt, ich müsse klar unterscheiden zwischen Zugehörigkeit zu einer politischen Partei und dem Einsatz für Gerechtigkeit. Unsere Gemeinschaft mit ihrem Anspruch, Gleichnis der Einheit zu sein, gestattet uns nicht, andern menschlichen Gemeinschaften anzugehören, wie beispielsweise einer politischen Partei. Ich möchte dagegen, daß in uns immer der Wille vorherrscht, unser Leben für die Menschen zu geben.

Ich entsinne mich, daß ein Mann von hoher geistlicher Autorität eine große Zahl von Christen auf den Weg eines unwiderruflichen politischen Engagements für die Gerechtigkeit gebracht hat. Die Folgen davon sind nicht abzusehen. Johannes XXIII. hat 1962 in einer Enzyklika die Christen unter der Landbevölkerung aufgefordert, in einen Prozeß der „Sozialisierung" einzutreten. Das war etwas vollkommen Neues. Später, in einer andern Enzyklika, forderte er eine „Weltregierung". Diese zweite Intuition ist wie ein Samenkorn, das in die Erde gesenkt wurde, eine Erde, die heute von den neuen Generationen derart stark umgepflügt wird.

DER KAMPF UND DAS FEST

Es ist unerträglich, von den Tragödien unserer Zeit, den Kriegen, der unwürdigen Behandlung rassischer Minderheiten zu wissen. Vielleicht wird ein Mensch in vorgerücktem Alter, wenn ihn ein langes christliches Leben feinfühlig gemacht hat, sogar noch stärker von solchen Geschehnissen berührt. Das Unerträgliche ist das Elend des Menschen, des Menschen, der in unsern Augen geheiligt ist. Wie kann man die Arme hängen lassen, wenn man sieht, wie der Mensch Opfer des Menschen wird?

Aber gehen wir in unserm Durst nach größerer Gerechtigkeit auch so weit, auf das Fest in uns zu verzichten, das jedem Menschen gegeben wird? Dann allerdings bliebe uns weiter nichts, als uns unter der Last unserer Hoffnungslosigkeit zu beugen und der gesamten Menschheit unsere Traurigkeit anzubieten.

Sollen wir daran gehindert werden, in den Kampf und Streit für die Gerechtigkeit einzutreten, wenn wir das Fest leben? Im Gegenteil! Das Fest hat nichts mit flüchtiger Euphorie zu tun. Es wird durch Christus in Männern und Frauen lebendig, die die Weltlage in voller Klarheit sehen und fähig sind, die schwersten Geschehnisse auf sich zu nehmen. Aber diese Männer und Frauen wissen, daß auch in ihnen der Drang nach Macht und Unterdrückung wohnt, aus dem jeder Krieg und jede Ungerechtigkeit hervorgeht. Sie wissen, daß der Kampf zuerst in ihnen selbst beginnt, wenn sie nicht, ohne es zu wissen, zu den Unterdrückern gehören wollen.

Dann wird der Kampf selbst zum Fest: ein Fest des Kampfes, damit Christus unsere erste Liebe sei, und Fest des Kampfes für den niedergetretenen Menschen.

SAUERTEIG DES VERTRAUENS IN DER MENSCHHEIT

Heute, gegen Ende des zwanzigsten Jahrhunderts, sind Menschen in einer Angstspirale verfangen. Ihre schöpferischen Fähigkeiten sind in Entsetzen erstarrt. Sie lassen sich überrollen.

Freilich sind die mit der Zielvorstellung eines Friedens in der ganzen Menschheit aufgeworfenen Fragen von atemberaubender Kompliziertheit und Tragweite.

Statt von einem Taumel befallen zu sein, leben viele Christen wie auch Nichtglaubende in dem ausgeprägten Bewußtsein, in die fünfundzwanzigste Stunde, Morgendämmerung einer ganz neuen Zukunft, eingetreten zu sein.

Sie erwerben dabei ein Gespür für das dringend Erforderliche. Im Anlauf, die Kehre der Geschichte zu nehmen, bringen sie jene neue Zivilisation zum Tragen, sind sie Sauerteig des Vertrauens in der Menschheit.

Angst haben vor aufsehenerregenden wissenschaftlichen und technischen Entwicklungen? Nein. Wissenschaft und Technik können aufbauen wie zerstören, alles hängt davon ab, wie man sie einsetzt.

Wissenschaft und Technik sind ein hohes Gut, wenn sie die durch menschlichen Sachverstand eröffneten unbegrenzten Möglichkeiten durchscheinen lassen. Bislang unbekannte Methoden in der Nahrungsmittelproduktion werden Lösungen bereitstellen, wo der Hunger Dauerzustand ist: beginnt man nicht Proteine auf Algenbasis und demnächst sogar mit Hilfe von Bakterien herzustellen und ihre Quantität innerhalb von 24 Stunden zu verdoppeln? Großartige Entdeckungen lindern oder heilen physische und Gemütsleiden. Eine universale Zivilisation, die sich auf neue Kommunikationsmittel, Informatik und Satelliten stützt, schafft eine Welt, in der die Grenzen überwunden sind.

Es ist wichtig, all dies zu wissen, um nicht in Passivität zu verharren: Das „Wozu überhaupt" nimmt einem die Lust, sich Fachwissen anzueignen, um zu denen zu gehören, die aufbauen.

Andererseits stimmt es ebenso, daß die sich der Wissenschaft verdankenden Techniken zerstören können. Kriegsmaterial von unwahrscheinlicher Wucht ist in der Lage, einen Teil der Menschheit zu vernichten. Die Völker stürzen darüber in einen Ozean der Angst, aufgestört vom Schreckensbild einer zukünftigen aus Gewalt, Ungerechtigkeit und zerstörerischer Bedrohung geborenen Apokalypse.

Die gesamte Menschheitsfamilie indes will Frieden, niemals Krieg. Verschwindend klein die Zahl der „Falken", die Krieg wollen, unübersehbar zahlreiche Menschen sind gesinnt, Ferment des Vertrauens unter allen Menschen der Erde zu sein.

Ein Christ ist weder Optimist noch Pessimist. Doch er weiß, daß die Geschichte nicht lediglich eine Abfolge mechanischer Ursachen und Wirkungen ist, die sie einem unerbittlichen Determinismus preisgeben. Die Geschichte räumt auch Intuitionskräften einen Platz ein.

Ohne die für die Forschung unerläßlichen Gesetze des Determinismus zu verwerfen, sehen manche Wissenschaftler, Agnostiker oder nicht, deutlich Grenzen, Unstetigkeiten, ein Stück Unvorhersehbarkeit. In seinen kompetentesten Forschern wird das Jahrhundert des Determinismus demütig. Es ist nicht ausgeschlossen, daß es in ein 21. Jahrhundert tiefen Glaubens mündet.

Jetzt, am Ende des Jahrhunderts, wo Technisierung, Säkularisierung einen allem zugrundeliegenden Zweifel übertragen, stellt sich eine Frage: Ist die Säkularisierung samt den Strömungen, die sie nach sich zieht, unter anderem der Beseitigung der symbolischen Sprache, eine Krankheit der Gesellschaft?

Heute zeigt sich das Unerwartete: diese Strömungen können gebeugt, umgeformt, verwandelt werden. In jeder Person verbergen sich so viele schöpferische, aus der Leidenschaft eines inneren Lebens gespeiste Energien. Es wird möglich, auch mit den härtesten Ereignissen aufzubauen, anstatt sie über sich ergehen zu lassen.

Nicht nur die glücklichen Ereignisse, auch mit zu den Unerträglichsten gehörende Situationen und selbst Fehlschläge können zu Antriebselementen werden. Durch sie werden die schöpferischen Energien gleichsam reaktiviert für eine Umgestaltung der Welt.

Der Atem Gottes durchströmt die zeitgenössische Welt

in einer Weise, daß mitten in einer Zivilisation, die Machtmittel und Konsum verherrlicht, die Zeichen einer anderen Zivilisation durchscheinen.

Eines dieser Zeichen: Was das Teilen betrifft, vollzieht sich augenblicklich eine nie gekannte Bewußtseinsschärfung auf seiten der Christen. Früher schienen die Christen von der Sorge um Gerechtigkeit, Menschenrechte, einer gleichmäßigen Verteilung materieller Güter weit entfernt. Heute sind sie den Vergessenen der Gesellschaft zugewandt und arbeiten immer zahlreicher an Lösungen.

Hinsichtlich eines gewissen materiellen Großaufwands in den Händen kirchlicher Institutionen hat ein Vereinfachungsprozeß eingesetzt. In Europa kam er in den südlichen Ländern ins Rollen. Diese Maßnahme ist unwiderruflich und wird sich langsam immer weiter ausbreiten.

Dankbar sehen dies jene, die seit vielen, vielen Jahren gelegen oder ungelegen zu solchen Neuregelungen aufriefen, um den Glauben glaubwürdiger zu machen.

Glaubende oder Nichtglaubende, fast alle wissen, daß eine gerechtere Umverteilung der Güter zwischen den reichen und unbegünstigten Gebieten eine der Bedingungen für den Weltfrieden ist.

Überall trifft man auf zwei sich ergänzende Bestrebungen: die einen möchten unverzüglich mit den Hilflosen teilen, andere wollen auf lange Sicht handeln und die Gesellschaftsstrukturen verändern.

Miteinanderteilen ist nicht einfach Hilfeleistung, sondern Selbsthingabe.

Eine der reinen Freuden nach dem Evangelium liegt darin, sich im eigenen Innern zu vereinfachen, und zwar im Vertrauen des Herzens. Dies führt einen dazu, stetig die eigene Lebensweise zu vereinfachen und zu teilen: mit Gott im Gebet und mit den Menschen auf der Erde zu teilen.

Vereinfachen, Miteinanderteilen heißt niemals eine harte, von Verurteilungen anderer strotzende Strenge annehmen.

Vereinfachen lädt dazu ein, alles in die einfache Schönheit der Schöpfung zu versetzen.

Ohne Kunstschaffen gewinnen puritanische Strömungen und in ihrem Gefolge schlechtes Gewissen die Oberhand. Die Kunst selbst kommt von Gott.

Es gibt Künstlerhände, die Gesichtern aus dem Evangelium, Christus, der Jungfrau Maria, so stark Ausdruck geben, daß ein einfacher Blick in ihnen das Geheimnis Gottes erahnt. Und in der Musik führt das Unaussprechliche bisweilen zum Gebet; es hebt sich der Schleier über dem Unsäglichen Gottes.

Der „BRIEF AUS TAIZÉ" verbindet Jugendliche und weniger junge Menschen quer über
die Erde.
Er erscheint auf Deutsch und in acht anderen
Sprachen.

Alle zwei Monate auf acht Seiten:

- Berichte von den laufenden Ereignissen in
  Taizé und vom Pilgerweg des Vertrauens
  auf der Erde.

- Texte von Frère Roger.

- Themenvorschläge für Gespräche in
  Gruppen und Gemeinden.

- Gedanken zur Meditation, Gebete und
  Bibelstellen für jeden Tag.

Abonnement:
F 71250 Taizé Communauté,
„Brief aus Taizé"

Frère Roger, Taizé

Liebe aller Liebe,
Die Quellen von Taizé
Herderbücherei Band 1725, 128 Seiten

Aus dem Inneren leben
Gebete aus Taizé
32 Seiten, ISBN 3-419-50402-0

Kathryn Spink
Frère Roger - Gründer von Taizé
Leben für die Versöhnung
224 Seiten, 2. Aufl., ISBN 3-451-20916-0

Frère Roger in seinem Tagebuch
Alles vom andern verstehen
Herderbücherei Band 1317, 128 Seiten

Herder Freiburg · Basel · Wien